U0617084

时尚至死

时尚背后的玄秘

梦亦非◎著

ZHEJIANG UNIVERSITY PRESS
浙江大学出版社

目录
CONTENTS

01
时尚经济学
你不可能先锋到死

02
时尚社会学
凯特的婚姻不能
复制，但婚纱可以

03

时尚历史学
有多少波希可以米亚

04
时尚美学
人人想穿花衣裳

01

时尚经济学
你不可能先锋到死

时尚，

从来并不只是眼睛所看见的

也不仅仅是现象与实物，它遵循着经济学的规律，被经济这只看不见的手所左右。 LVMH、历峰、古驰、巴黎春天这些时尚庞然怪兽的市场野心，决定了时尚的走势与强弱，而中国等第三世界国家对时尚的接受性也左右着时尚。 时尚作为经济长河中泛出的美丽浪花，一直在经济的巨流中跃动与灿烂……

Logo 疲倦征

做时装评论这行当，最大的坏处是很容易患上 logo 疲倦征。当那些品牌的名字总是在文章中晃来晃去，你就会感觉它们那样土气、讨人嫌。于是感觉无衣服可买，街边小店的衣服看不上眼，对国内品牌也嗤之以鼻，而大牌也已经厌倦，怎么办？

怎么办？好在尚有稀少的便宜而不那么让我厌倦的衣服可穿，比如无印良品（MUJI），比如飒拉（ZARA）。前者是东方式简洁的禅意风格；后者则好在它没风格，让你看不出它是 ZARA。

这种疲倦征与什么有关？

肯定不是与《NO LOGO：颠覆品牌全球统治》有关。这本书是十多年前出的，当时反企业运动在全球风起云涌，所以此书被视为该运动的圣经。豆瓣上这样介绍此书："读者大众看到这些打造品牌的跨国企业背后，出现了什么样引人讨伐的勾当。本书主要探讨全球化的黑暗面,探讨跨国企业如何将品牌不断地深入消费者的私领域,探讨跨国企业如何剥削第三世界的人民以图自身利润。此书中剖析知名品牌如何征服世界,对此现象提出深刻反思,也分析反全球化的风潮将如何反扑。反对 logo 就是向耐克(Nike)这样的跨国大公司争取工资、争取工作、争取公共空间。"此书作者娜奥米是个左派人士,而我的立场是右派——自由主义,自由主义赞同全球化、自由市场,哪里会受牌子的影响?

那么,这种疲倦征究竟与什么有关系?与个性、品位有关?

大牌将自己的 logo 印得满地都是,这是我一向认为路易·威登(LV)、古驰(Gucci)、香奈儿(Chanel)等的包包很土气的原因。大牌们总是店大欺客,做出来的衣服挂在店里,如果将标签盖住,就算是再高明的评论者也看不出各家衣服有何区别。这是一个无风格或者说风格互相类似的年代,它们的个性只表现在 T 台上。在店铺里,它们的个性都是一致的——无个性。

真正有品位的人穿的不是大牌成衣,而是定制,钱多到烧包的去伦敦萨维尔街(Savile Row)定制,西服从数万到数十万一套;钱不太多但又想不俗的,去香港的 Sam's Tailor 等裁缝店定制,西服三四千港币就可搞定;不想出远门的,不妨就在自己的城市里寻找最好的裁缝,让他帮你制作自己的衣服。嫌麻烦?品位可不是麦时尚①就可以带来的，品位是什么？奢侈是什么？是一种"优雅的等待"——有钱有闲有眼光，还要等得起。

当 logo 疲倦征袭来的时候，恭喜你，这意味着你已经从大众时尚中脱离出来，进入更经典的审美中了。我是如此安慰自己的，你呢？

---

　①　麦时尚（McFashion）最早由英国的《卫报》提出，它代表着一种"麦当劳"（McDonald）式的便宜、快速、时髦的大众时尚，奉行"一流的形象、二流的产品、三流的价格"的经营哲学。——编者注

你不可能先锋到死

当一个曾经最著名的时尚品牌靠出售品牌来做噱头引人关注时,粉丝们会有什么样的感受? 不是美人迟暮,也不是英雄末路,活生生就是韩寒演成了凤姐。这里说的就是皮尔·卡丹(Pierre Cardin)。媒体报道:皮尔·卡丹先生正准备将其同名的时装品牌出售,并开出了 10 亿欧元的价码。这位现年 88 岁的设计师,希望他的服装品牌能够在自己百年之后继续发扬光大,而眼下正是市场收购行情最好的时候,如果能趁此机会完成出售大计当然最好。

前些年就爆出皮尔·卡丹要将品牌卖给中国人的消息,最后将中国内地的服装鞋帽等部分项目作价 3700 万欧元卖给了中国商人。这些年来,我关注皮尔·卡丹就因为这些市场新闻,而非它的设计。

皮尔·卡丹在 20 世纪中后期是一个很了不起的品牌,20 世纪

80 年代它就是奢侈品、顶级服装的同义词，连小混混们都会嚷嚷"屁儿·砍他"。

皮尔·卡丹先生 1922 年生于威尼斯近郊贫家，14 岁辍学到一家小裁缝店里当学徒；17 岁他骑一辆破自行车前往巴黎；1947 年到迪奥（Dior）公司做事；1950 年在里什庞斯街买下了"帕斯科"缝纫工厂并租了一个铺面，独立开办自己的公司……他先后三次获得了法国时装业界最高荣誉大奖"金顶针奖"。皮尔·卡丹先生曾在 20 世纪 60 年代不断引领潮流，成为法国时装当之无愧的先锋派。他使用了当时最时髦最现代的化纤面料，成为"太空时代"的女装设计师代表，他也曾推动了"无性别"时装的热潮。70 年代皮尔·卡丹成为第一个入驻中国的外国时装品牌，80 年代初成为第一个在中国办秀的时装品牌。

但事情到此为止，接下来就比较麻烦了。皮尔·卡丹的产品从男装、女装扩展到了童装、饰物、汽车飞机造型、酒店，犹如一只八爪章鱼，拥有上千种不同的专利产品，每天有数千家工厂生产皮尔·卡丹的各种乱七八糟的产品。

皮尔·卡丹先生不无得意地说过："用'Cardin'做牌子的一切都属于我。我可以睡 Cardin 床，坐 Cardin 软椅，在我设计的餐厅里进餐，用我的灯照明。甚至去剧院看戏，到展览会参观，我都可以不出我的帝国。"其实他是吹牛，许多产品只是授权而已，与他的设计无关。这些无所不包的授权让皮尔·卡丹急剧变成一个巨大的垃圾堆，品牌价值一落千丈。皮尔·卡丹想在所有生活领域都成为先锋与成功者,但这种事情估计连上帝也做不到,更不要说他一个凡人。所以,这个品牌只好什么也不是地强撑着,今天时尚达人们谁会买这个品牌?如果要买回那些授权协议重塑品牌,那花费的金钱将足以让品牌破产一百回。

虽然在这次的叫卖中皮尔·卡丹开出 10 亿欧元的漫天价,但银行实地估价只有 2 亿欧元左右。有趣的是,皮尔·卡丹先生还开出一个可笑的附加条件来"吸引"买家:"我希望能够继续担任品牌的创意总监,这对收购方维护这个品牌的形象也是有益的。"

这老人家也真是糊涂,不明白没有人能先锋到死吗?

"刘雯时代"
为什么来临

我近来发现,在我这些年来的时装评论与时尚专著里,竟然没有写过模特。这个疏漏让我自己很惊讶,也很不安,其中的原因较多,以后有机会再作分析。在这,我想先谈谈让我意识到这个问题的"中国超模"。这两年我一直在写作一本时装题材的小说《时尚巴别塔》,其中有写到模特,但这并没有让我意识到我一直未在评论与专著中写过模特,直到写作上一篇专栏《2010年的时尚风月》,其中提及刘雯,方才意识到这个问题。

刘雯是继杜鹃之后,又一个成为全球超模的中国女孩。在2010年她交出了异常漂亮的成绩——全球最重要的美容机构雅诗兰黛(Eetée Lauder)签下她做全球模特代言人;第一个出现在维多利亚的秘密(Victoria's Secret)时装秀上的亚洲模特;《大都市》(Numero)中国版创刊号的封面人物;在视觉中国(Models.com)的排名中,排在前 10 名……

　　这足以让媒体为之兴奋,《周末画报》的特刊《中国面孔》中言:"2010 年,中国时装界进入了刘雯时代……刘雯的脸孔有一个重要的时代意义,在过去 20 年来,每一次中国女孩得到时装界的真正关注,都说明了西方人对中国认识的变化,从谭曼玲到杜鹃到刘雯,西方也慢慢完成从原本对中国充满想象到逐渐与中国审美同步的过程。西方对中国的认识越深刻,也就越有可能跳脱对中国脸孔单眼皮的刻板印象;而当代中国也间接通过西方对中国面孔的'钦点',找到一种跨越国界的都会气质。"

　　在所有对刘雯的写作中,这一观点最具深度。时装界本来是个肤浅之徒出没的地方,很少有人从中看出深意,但《周末画报》这篇文章从现象深入到了背后更深层的原因。我不反对这些观点,但从这些观点中我看到一种源自"他者"的眼光对自身的打量,对"西方价值中心"的默认。这种态度让人不安之处在于,它有可能掩饰了中国脸孔在时装界崛起的真正原因。

　　真正原因是什么? 在我看来,是因为中国成为世界第二大经济体。英国《经济学人》有关专家甚至预计,中国 2024 年将超越美国,成为最大经济体。而在奢侈品方面,2010 年中国成为仅次于日本的全球第二大奢侈品消费国,中国消费者显示出了对从红酒到名表、时装等各种奢侈品难以满足的消费需求。高盛集团预测,中国未来 5 年内愿意消费奢侈品的人,会从 4000 万上升到 1.6 亿。《中国 2010 年奢侈品市场调查》显示,在过去的一年里,奢侈品供应商从中国赚了 684 亿元人民币。因为西方经济的衰微，许多顶级时装在西方世界是亏损的，但在中国却大幅度赢利，可以说中国的奢侈消费挽救了许多时装大牌。

在这种背景之下，我愿意将刘雯们的崛起看做中国经济高速发展的表征，也更愿意将刘雯们看做西方时装品牌对中国市场与消费者的示好与广告性影响。这不是什么"阴谋论"，时装本来就是追着金钱而运行的，它的主要目标是市场而不是审美，更不是"从原本对中国充满想象到逐渐与中国审美同步"。首先作为商品，然后才作为艺术。时装感兴趣的是市场这个大蛋糕，然后才是审美。

回看历史，皮尔·卡丹的驻华首席代表宋怀桂女士在 1983 年成立了北京第一支模特队。那些模特们有卖蔬菜的、织地毯的、打毛衣的、卖水果的、卖油条的，还有纺织女工，来训练要么是请事假，要么是病假，几乎没人敢跟家人和单位说自己在做模特。这支模特队是要为皮尔·卡丹在中国走秀而准备……此后，皮尔·卡丹在中国一时成为西方顶级名牌时尚的象征。

有此前例，我认为"刘雯时代"意味着西方时装做中国这个蛋糕与切这个蛋糕的时代来临了，然后，才是"与中国审美同步"。

上小 S 的节目	时尚江湖中一直传出杜嘉班纳（Dolce & Gabbana)要关掉副线 D&G 的消息,最近的传 闻是说打算在明年的 8 月份关掉。天知道这一

次是不是又是假的,但这个理由一定是真的:副线品牌 D&G 对
Dolce & Gabbana 正牌的定位造成了混淆。

副线是谁发明的？

乔治·阿玛尼(Giorgio Armani)作为时装界"副牌"概念的创
始人,于 1984 年推出面向年轻人的成衣品牌安普里奥·阿玛尼
(Emporio Armani),首开了品牌延伸的风气,令其他国际大牌纷纷
效仿。除此之外,他还陆续推出了女装品牌玛尼(Marni)、休闲品
牌 Armani Exchange 和 Armani Jeans 等。

什么是副线？

正牌很贵,一件阿玛尼(Giorgio Arman)的成衣要好几万块,

普通人哪穿得起？一个品牌如果只面对极少数的顶层消费者，它的商业利益就难以扩大，而普通喜欢这个品牌又买不起的年轻人，也会因此而怨上这个牌子。怎么办呢？那就发明"副线"呗，你吃不起鱼翅吧？那给你准备便宜的鱼翅捞饭；你戴不起金项链吧？那给你准备镀金的项链；你开不起宝马 X6 吧？那给你准备 Mini；你无法与梦中情人小 S 生活吧？但你还是有机会上小 S 的节目的。副线的性质就是这样，它是正牌的年轻版、解渴版，是正牌的象征，遵循的是"接触巫术"的时尚力量传递的原理。

除了香奈儿（Chanel）与爱马仕（Hermès）这两个我比较尊敬的独立品牌，别的时装大牌都推出副线，比如卡尔文·克莱因（Calvin Klein）的产品中，正牌 Calvin Klein 以整齐干净的线条写出 Calvin Klein，与设计师洁癖般的极简风格相同，称为 Calvin Klein Collection，是旗下的第一品牌。副线 CK，Calvin Klein 把名字用他自己最喜爱的褐色，放在黑色的大 CK 上，简称 CK，是年龄层较为年轻的副牌。而 Calvin Klein Jeans，为 Calvin Klein 的服装事业打开一片新的牛仔装市场，设计师干脆把 CK 直接用成褐色，压上 Calvin Klein Jeans 黑字，简称 CK Jeans。除此之外，马克·雅可布（Marc Jacobs）的副线——Marc by Marc Jacobs，唐纳·卡兰（Donna Karan）的副线——DKNY，普拉达（Prada）的副线——Miu Miu。一般人会将正牌与副线搞混的原因是，副线的命名总是正牌的缩写，比如 D&G 是 Dolce & Gabbana 的缩写，或者"连累"上正牌，比如 Marc by Marc Jacobs，Emporio Armani。这样一来，非时尚专家哪里知道正牌与副线的差别,所以副线品牌对正牌的定位造成混淆是势所必然的。

虽然看起来正牌与副线差不多,但其实还是差得很多。正牌的 Giorgio Armani 好几万一套,Armani Jeans 三千来块一件,反正都是叫 Armani。正牌的 Dolce & Gabbana 讲求材质、裁剪,D&G 则显得花里胡哨。其区别,就像鱼翅大餐与鱼翅捞饭,能吃鱼翅捞饭的人远远多于能吃鱼翅大餐的人。听起来都与鱼翅有关,这种有关,结果大多是早晚正牌们被副线"干掉"。

国内的副线与国际的副线又不是同一回事,国内的副线比正牌更贵更装大牌,不过这是另一篇文章的事了,且听下一篇分解。

奢侈品与中国身份

又是一则非常低调的消息，并且是时过境迁之后我才读到的消息：美国投资基金 Matlin Patterson 以"最高不超过 5300 万欧元"的价格把尼诺·切瑞蒂（Nino Cerruti）公司卖给中国利邦控股有限公司（Trinity Limited，以下简称利邦）。Matlin Patterson 基金 2006 年买下了当时财务危机中的 Nino Cerruti，此次出售将包括 Nino Cerruti 百分百的股权和所有品牌知识产权。

先做一点知识普及，再来谈这件事。利邦是什么？尼诺·切瑞蒂又是"神马"？利邦公司隶属于香港利丰集团，在香港上市，2009 年的营业额高达 160 亿美元，作为全球重要男装品牌的经销商，它在中国 53 个城市拥有 381 家商店。尼诺·切瑞蒂呢？1967 年在法国注册的时装品牌，没啥故事、没啥叫得响的明星设计师，一个"如水"的普通大牌，我当年一度错以为它是个三线品牌。

这则消息只作为经济新闻语焉不详地说说了事，而不是作为尼诺·切瑞蒂品牌的时尚新闻。它之所以低调，是因为它不得不低调，前车之鉴清晰在目——当年马来西亚华人王明星与他的妻子成为迈宝瑞（Mulberry）的大股东之后，非要宣扬"Made in China"，非要强调华人身份，结果呢？花费了10年时间才让人淡忘这是一个华人收购的品牌，才又重回"奢侈品"的名单上。如果利邦或尼诺·切瑞蒂高调炒作这个事件，无疑双方都将严重受损。所以，利邦与尼诺·切瑞蒂不得不低调。

为何奢侈品牌就不能张扬华人身份，强调 Made in China 呢？原因在于目前全球奢侈品消费曲线处于下跌趋势，唯有在中国一路上扬。持有无限购买热情的中国人眼中的奢侈品，可不包括华人控制的品牌，中国人所认同的奢侈品牌，只能是欧美设计、欧美制造，血统绝对欧美。一旦奢侈品的时尚神话沾上中国身份，就如同被喷了一口法水，太上老君急急如律令，神秘与神奇速速退也。台湾人就知道这一点，所以女富豪王效兰在收购了法国奢侈品牌朗雯（Lanvin）之后，自己隐身幕后，将朗雯的所有重大创意决策都交由她找来的设计总监阿尔伯·艾尔巴茨（Alber Elbaz）全权负责。有几个人知道这个一线奢侈品牌的所有者已是台湾企业？聪明的香港人当然也知道华人身份作为"退神符咒"的厉害。宝姿（Ports）并不是什么西方奢侈品牌，它只是香港牌子，设计与生产都在深圳，但它从来都是死死地掩盖这一身世，低调地与全球一线大牌们挤在上海恒隆、广州丽柏之类的顶级卖场里。

我们再深一步探讨，为何不要说西方人、就连中国人自己，自己都不喜欢奢侈品的中国身份？窃以为原因如下：第一，时尚与奢侈的标准一直由西方制定与引领，中国时尚未有任何话语权；第二，中国制造一向意味着粗制滥造且毫无限量，而西方的生产一向讲究的是工艺，工艺构成了奢侈品与时尚的魅力；第三，奢侈品都有品牌的文化传统，构成"奢侈"二字的除了工艺之外便是品牌文化，文化传统是品牌的灵魂，一旦中国人把持了品牌，其文化传统便有可能会丢失；最后，消费心态作怪，中国人心态大多是高价买中国身份的奢侈品牌，不如买个低价欧洲血统的高阶品牌。

于是，我们看到奢侈品牌与中国的爱恨情仇——爱中国市场，但恨中国身份，这大概是因为中国经济的崛起并不代表中国文化自信力的崛起吧。

左手慈善
右手血汗

江湖快马传来消息，前一段时间因"血汗门"事件而陷入劳资纠纷的奢侈品牌古驰(Gucci)终于与员工达成和解，此事似乎可以告一段落。

在"血汗门"之前，古驰(Gucci)举办了它的慈善90周年庆。古驰(Gucci)一直不曾缺席各类慈善活动，它设计的限量版慈善手袋几乎每季都有。然而一向号称有慈悲心肠的各大奢侈品牌怎么就对自己的员工如此苛刻，甚至用极度压榨的方式引起大众的鄙夷呢？

不能否认的是，古驰(Gucci)等奢侈品牌给员工的工资已经比较高了，每月三四千元的薪水相对而言高于一般的工资水平，这正是员工们虽然对制度颇有微词但仍然坚持工作的原因。何况关于制度，古驰(Gucci)尽管严苛，但未必是最差，只是树大招风比较容易引来各方的眼球。中国的私企甚至国企的环境就比古驰(Gucci)好吗？据统计,古驰(Gucci)采用的劳务派遣制度在中国市场上占了20％,而实际的数据远远大于这个数字。业内人士称,国内企业有40％或者更多的员工是通过劳务派遣制度而被雇佣的,这些通过劳务派遣制度而输送到各个企业的员工,没有福利,只拿着基本的工资。这些隐性的劳务问题才是中国市场上最大的问题。

但是我们为什么如此关注古驰(Gucci)呢？因为它是奢侈品品牌。奢侈品的定义是优雅、历史、私密、独享和慷慨。奢侈品应该远离剥削,远离压榨,远离有关非人道的一切名词、动词和形容词。我们认为,奢侈品既然从消费者手中掠夺了巨额利润,就不应该独享,最起码一个对自己的员工比较人道的品牌,才值得消费者去拥护和信赖,否则"神马都是浮云"。

那是否说明奢侈品牌做慈善就是猫哭耗子呢？在某种程度上古驰(Gucci)、路易•威登(LV)等的慈善活动相当低调,这说明这些品牌并非没有社会责任感。问题是:一个对自己的员工不够尊重和人性化的公司,如何体现它的社会责任感？显然并不能因为它对自己的员工不够人道,就否认它在慈善方面的成就和努力,也并非一定要做到前者才可以做慈善。做慈善是每个人、每个团体的权利,而且并不能因为某一方面不好,而对其他方面加以指责。

事实上,一些在中国陷入"血汗门"事件的奢侈品品牌很少在其他国家陷入此类事件。当我们在评论西方奢侈品牌在中国的表现的时候,我们事实上是希望它们做得和在其他国家一样好,因为

我们付出的是和其他国家一样甚至更昂贵的价格。如果古驰
(Gucci)和其他奢侈品品牌能够以它的用工制度做借口来开脱的
话,那为什么不降低它的价格呢? 我们鼓励它的慈善行为,但并不
代表它就可以对不同国家员工采用双重标准,因为它对消费者适
用的可不是双重标准!

有机面料的江湖

H&M 的副线 "Exclusive Conscious" 最近推出了新的晚装系列,这条副线专门设计红毯晚装。这个 4 月中旬在全球 100 间 H&M 店开售的新款晚装,采用了多种环保可循环面料,其中有机棉花和天然的麻质面料是其亮点之处。我一直希望有机面料能成为时装中的重心,但一直看不到,没料到走"麦时尚"道路的 H&M 会在这个方向发力。

目前全球在有机面料上的需求一直在增长,全球 2009—2010 年度有机棉花产量增加了 15%,达到 24 万多吨,到 2011 年,有机服装业的规模达到 60 亿美元左右。目前许多中低端的主要服装商和经销商都加入了生产有机服装的行列,比如李维斯(Levi's)、阿迪达斯(Adidas)、耐克(Nike)、H&M、塔吉特(Target)、诺德斯特龙(Nordstrom)、GAP、沃尔玛(Wal-Mart)等。有意思的是,这些喜欢有机面料的几乎都是中低端品牌，一家国际一线大牌都没有，像香奈尔、路易·威登、华伦天奴等有可能在某些产品的某一款上使用有机面料，但不可能将有机面料作为它们的重点，也不会将品牌与有机面料联系起来。

这里面涉及一些问题，有机面料因为受天然的限制，在面料的硬挺度与染色上很难达到工业面料的效果，这让它们在塑形时难以达到当代时装的某种艺术性要求。有机面料制作的服装更适合居家与休闲时穿着，而人们购买奢侈品牌的时装，是希望在重要场合比如晚宴、商务等场合时穿着，这就对时装在面料上、印染上、造型上有更高的要求，这是有机面料所欠缺的，也就是说，有机面料的表现力略逊于工业面料。此外，有机面料更多是还原式的发展方向，试图还原到工业污染之前的状态，而奢侈时装则是朝向未来的，要知道时装业是工商业整合的艺术，它一般不试图复辟。此外还涉及奢侈的态度，如果大众服装使用某种流行面料，那么奢侈服装则更钟情于稀有面料，可以推想，有机面料影响力越大，大牌们越不可能选择有机面料作为主流。我们每年都会看到各大牌时装在抽检中几乎都不过关，大多会在许多化学元素上超标，因为是否安全不是大牌们的第一考虑。

更进一层，我们考虑到对身体的态度，因为面料直接接触我们的身体，我们对面料的态度也就是对身体的态度。热爱有机面料的人，把身体作为目的，要为这个目的提供安全可靠性的接触物——面料。至于将衣服的设计看得比面料是否安全更重要的人,身体可能只是一个手段,这个手段用以披挂作为"战袍"的时装。但也不能绝对,同一个人在不同时段对身体的态度也不一样,对面料的要求也不一样。总体而言,对有机面料的态度,不仅取决于服装业,更取决于人们对身体的有意识或无意识的态度。

**阿玛尼
的吊诡**
才结束不久的米兰 2012 春夏男装周上,阿玛尼在他的发布秀结束后公开抨击普拉达(Prada)和杜嘉班纳(Dolce & Gabbana),说这两家的新系列让男人看起来可笑无比,并且指责媒体没有对这些小丑般的造型进行应有的批评,然后他认为"今天的时尚都已被银行和股市掌控,而非时装屋的拥有者"。

阿玛尼的这番言论让人惊讶。

惊讶的第一点是,一个品牌的设计师公开地攻击另一些品牌的作品,这可是绝无仅有的。纵观整个时装史,虽然设计师们对别的品牌会有意见,但也只是私底下说,不会公开评论,更不会引起媒体对自己攻击言论的注意。时尚界一般是一团和气,阿猫老板好,阿狗老板好,张三品牌不错,李四品牌也不错,大家和气生财。但现在阿玛尼突然不愿意和气了,不和气的结果是他也被攻击。

托德斯(TOD's)集团主席兼 CEO 迭戈·德拉·瓦莱(Diego Della Valle)跳了出来,在意大利《24 小时太阳报》的米兰奢侈品大会上,评论说:"这样的攻击毫无意义,而且也非常不合时宜。普拉达的上市是一次非常美好的行动,全世界都可以见证。"Della Valle 认为,阿玛尼更应该做一些积极的事情,积极投身其中,比如像他一样为修复罗马斗兽场尽一份力。他说:"身处危机之中,重要的是齐心协力,我们有义务传递积极的信号,而不是把时间浪费在无谓的互相攻击上。"他建议阿玛尼去接洽其他需要资金修复的古迹,比如米兰的斯福尔扎城堡,同时他认为阿玛尼今年已经 76 岁高龄了,发表这番言论是不明智的。

　　这里有点乱,让我整理一下脑袋……嗯,如果是普拉达"一姐"缪西娅·普拉达说出阿玛尼的那番言论,不太让人惊讶,她不是一向被认为是时尚界的知识分子吗?知识分子批评别人是理所当然的。凭什么托德斯一哥要跳出来反击?这个做豆豆鞋出名的品牌掌门人的回攻简直不知所云,不是就事论事,而是搞人身攻击。

　　惊讶的第二点是,阿玛尼居然也会认为"今天的时尚都已被银行和股市掌控,而非时装屋的拥有者"。阿玛尼在高级品牌中是非常彻底地商业化的,它的品牌从定制到高级成衣到副线都覆盖了。在我看来,它的副线在质量上并不好多少,除了正牌,副线都是一般般。在衣服之外,它还涉及了酒店、家具等领域,我觉得它快走上以前的古驰与皮尔·卡丹的老路上去了。这样一个彻底商业化的品牌抱怨商业化与资本,显得有些滑稽。

惊讶的第三点是,阿玛尼指责媒体没有对这些小丑般的造型进行应有的批评。这种看法如果不是无知就是哗众取宠,要知道时尚界是没有批评家的,不存在"时尚批评"。关注时尚的媒体,收入全来自品牌的广告,一旦批评品牌,会影响它的广告收入,媒体是品牌的喉舌,品牌是媒体的金主,两者是共谋关系。所以对于品牌,媒体不会有负面的报道,你翻看所有时装杂志,提到品牌都是正面语调,提到时尚产品都是满篇表扬。所有领域都有批评家,但时尚领域例外,从来就没有"时尚批评家"一词,包括最有名的时尚评论者苏茜·孟克斯,她那些时尚评论文章也不过是不痒不痛的表扬罢了。

所以,我宁愿将阿玛尼的言论理解为一种取宠行为。在批评完别人之后,他再次强调了自己不需要上市,因为他的公司是完全独立的,没有债务缠身,他的衣服让男人显得更英俊优雅。他的所作所为不过是一种软广告罢了。

阿诺特
的帝国

一条我不愿看到的消息：LVMH 的老板伯纳德·阿诺特（Bernard Arnault）以 43 亿欧元，折合 60 亿美元，收购了有 127 年历史的珠宝集团宝格丽（Bulgari）。LVMH 将发行 1650 万股票交换宝格丽家族持有的 1.525 亿股份，而宝格丽家族也将成为 LVMH 集团的第二大家族股东。

我之所以不愿意看到这条消息，是因为不愿意看到 LVMH 大规模地扩张。LVMH 现在已经很嚣张了，它旗下的奢侈品牌很多，酩悦香槟（Moet & Chandon）、凯歌香槟（Veuve Clicquot）等近二十种葡萄酒及烈酒；路易·威登（Louis Vuitton）、罗意威（Loewe）、赛琳（Celine）、伯鲁提（Berluti）、高田贤三（Kenzo）、纪梵希（Givenchy）、芬迪（Fendi）、唐纳·卡兰（Donna Karan）、迪奥（Dior）等亦近二十种时装及皮革制品；迪奥（Dior）、娇兰

(Guerlain)、帕尔马之水(Acqua di Parma)等十余种香水与化妆品;豪雅(TAG Heuer)、真力时(Zenith)、尚美(Chaumet)等近十种钟表及珠宝;更有数家精品连锁店、各种文化传媒公司……现在,它又收购了宝格丽,离奢侈品巨无霸的位置又升了一级,这真让人不舒服。为什么不舒服?因为你所购买的任何奢侈品都有可能是在给阿诺特送钱,你喜欢不喜欢自己的时尚消费被一个集团所左右?我不喜欢这种被垄断。

但宝格丽很喜欢,"LVMH 集团是一个理想的合作伙伴,一方面来讲,在收购之后宝格丽将继续保持自己的个性和独立,另一方面,我们也会受益于整个 LVMH 集团的发展",宝格丽集团的 CEO 弗朗西斯科·特拉帕尼(Francesco Trapani)这样表示。而媒体则将这次收购称为"郎情妾意"。LVMH 在完成这次收购之后,手表和珠宝部门销售利润预计可以提高 10 个百分点,宝格丽在面对前三年赢利下滑 67 个百分点之后,也有望提高利润。苏黎世 Vontobel AG 银行的分析师 Rene Weber 说:"这是我有史以来见到的,奢侈品行业中数额最大的一笔交易,当然,其利润也是相当高的。"当然喽,阿诺特最喜欢利润,他现在是全球排名第四的富人。

此前阿诺特偷偷收购了爱马仕 17.1% 的股份,引起了公众注目,爱马仕相当不愉快:"爱马仕并不把自己看做是一个奢侈品公司,我们是非常具有创造力的手工匠,我们的哲学则是专注于创造力和手工工艺。当然,我们也希望赢利,但是我们最大的目标是做出最好的东西,我们的收获是来自对于自己优秀的工作的奖赏。"
这是爱马仕的哲学。但阿诺特的哲学则是更大限度地占有市场份
额,挣更多的钱,所以 LVMH 旗下的手工艺术品不断地减少,流水
线的机制奢侈品不断增多。花同样的钱,以前你可以买到手工奢
侈品,但慢慢地,你只能买到机制商品了,只要该商品属于 LVMH
集团。以 LVMH 的扩张速度,宝格丽会在中国二线城市开许多
店,以前象征高贵与艺术的宝格丽,在中国迟早会沦落到金六福、
周生生之类的档次。

　　这正是 LVMH 扩张的可怕之处——将手工的、缓慢的、优雅
的文化变成粗鄙化的商品。

假名牌的耻辱之处

近日，法国国家宪兵队捕获了一个专门制造假爱马仕（Hermès）包袋的国际犯罪团伙，爱马仕（Hermès）的CEO帕特里克·托马斯在接受媒体采访时说："80％在互联网上以爱马仕之名售卖的商品都是假货，这绝对是耻辱。"

奢侈品牌认为假货是耻辱，但许多人肯定不会这样想。我有一个朋友曾是某媒体的时尚版主编，某日与我见面时她背着一个大大的香奈儿（Chanel）包包，我知道她收入并不高，便祝贺她："买了个Chanel啊？羡慕一下。"她倒也直白："假的。"连设计师出身的美女主编都背个假Chanel，更何况挤公交地铁的小妹妹们身上那些"乱花渐欲迷人眼"的大牌包包？事实上普通人群中并没有多少人能消费得起动辄数万或数十万一件的奢侈品；即便那些开着豪车出入高档场所的女人们，也有可能买两件仿货。

　　早在 2004 年,蒂芙尼(Tiffany)就将"电子港湾"告上了纽约法庭,理由是该网站提供的 80% 以上的 Tiffany 产品都是冒牌货。2006 年 LVMH 也声称"电子港湾"上销售的 90% 的 LV 和 Dior 的产品都是假货。Hermès 只不过是步了前两者的后尘罢了。在此案中,犯罪团伙曾在数家地下工厂内仿造多款 Hermès 皮包,并通过多种途径运往欧洲、美国和亚洲地区的非授权网点进行销售,这批假货的销售总额高达 1800 万欧元,折合人民币约 1.44 亿元。Hermès 对媒体称,两名 Hermès 前雇员涉嫌该活动的组织工作,此外还有若干名 Hermès 现任雇员也涉嫌参与其中。Hermès 声明:"所有涉案的仿造皮包均为该团伙与不法商户合谋,通过未经 Hermès 授权的灰色市场进行批发和销售的非法货品。"

　　假名牌真正让人不安的原因,不是因为它的"假",事实上许多假货未必就比真货差劲,看看专卖店中那些奢侈品,我随便一挑就可以看出这些批量生产出来的圈钱物的碍眼之处——衬衫的条纹没对准,袖子不够对称,线头没搞好……

　　那么假货的耻辱是什么呢? 答案是它的利润往往用来支持恐怖主义。美国联邦调查局(FBI)认为,1993 年世界贸易中心的爆炸案得到了一间位于百老汇的卖仿冒名牌 T 恤的店家的资金帮助,调查人员甚至有证据认为"9·11 事件"也与假货商有着联系。在袭击发生后的一周内,南美三国边境市场有 1500 个假货摊点全部关闭,基地组织控制着它们,控制着每天进行价值 7000 万美元的现金交易。苏格兰圣·安德鲁大学恐怖主义和政治暴力研究中心主任马格努斯·蓝斯多普说："造假利润是支撑国际恐怖主义的三大收入来源之一。"

当你看到许多网络广告或生活类杂志的广告吹嘘其网站上一切限量的奢侈品都有售卖时，是不是可以怀疑一下它们正是假货？业内人士认为："国内 99％的奢侈品电子商务网站的产品都未经品牌授权，因此货源都有可能是有问题的。"如果你下单购买这些来路不明的奢侈品，有可能你正在为恐怖主义提供支持，当然，这只是也许。

欧洲要破产
时尚更强权

越来越危机重重,欧洲的经济时刻处于崩溃的边缘,经济专家疾呼,世界需要强有力的领导人出现! 但到目前为止,强有力的领导人尚未出现,整体的政治格局处于更加柔和的局面。然而时尚界可不这么认为,时尚界与经济、政治恰恰相反,变得越来越强权。

在颜色上,红色作为霸权颜色又有抬头之势,红色的整合能力和惊心夺目,最大限度地吸引着人们的眼球。在整个世界都软弱无力的情况下,我们需要用自己的穿着让这个世界看起来更有力量,看一看赛琳(Celine)的那款红色长裙,再配上一只红色的手镯,与女模鲜艳欲滴的红唇相配,呈现出一种极致的霸道优雅。MC秀场像是开一个红面派对,有一种莫名的感召力,让人热血沸腾。就算没有用红色,各大品牌也会用整块的单色来突出主题。颜色不再变得切割和凌乱,今年秋冬的设计趋向于整齐统一,展现稳定和领导力。

面料上的印花开始由小碎花变得狂野,将衣服变成巨大的毛毯,让人分不清你是裹着丝巾还是被单。图案上的搭配更是不容置疑的高调,时装设计师的图案设计已足够漂亮眩目,你甚至不用考虑怎么搭配衣服,他已经将设计塞入了你的脑子。从印花的图案来看,小碎花可以退场,今季大面积的图案独领风骚,极具视觉冲击力,在瞬间征服人心。波尔卡圆点同样是热点,但设计更注重3D效果,而这也正是印花所注重的未来效果。

蟒皮豹纹是今季的重中之重,不论是克罗伊(Chloé)的T台长裙,还是LV的蛇皮包,Prada的豹纹鞋,都极尽优雅灵性。蟒皮豹纹无处不见,米索尼(Massonimi)的秋冬季也推出蟒纹皮大衣,针织纹裙的图案更具有蛇纹的斑驳效果。女性的美丽不再是单纯的良好教养、玫瑰般绽放所能体现,同时也需要一点游离于主流审美的邪恶,而现在这种游离感的审美正大行其道,成为今秋的旋律。这也与今年游曳不定的政治与经济相关,当政治或者经济处于颓废之时,人们需要服饰上找一个不同于正统审美的突破。太中规中矩的图案显然在今季太不合时宜了,人们需要的是那么一点点不离谱的叛逆。

优雅是永不过时的风格,可是今季的设计却更突出优雅中的张扬。黑白搭配仍然是经典,款式上却引入了更多的男性风格,小西装或者军装的元素引入,整体造型显得硬朗而富于力量感。渡边淳弥(Junya Watanabe)的机车夹克,更是具有温柔而致命的金属感。

Chanel 的帽子设计用了清丽活泼的猫头,是强权力量之外的一个例外,在帽子的设计上其他名牌也不落后,纪梵希(Givenchy)的小猫耳朵同样趣味十足,Prada 的飞行员帽、Hermès 的骑士帽、马克·雅可布(Marc Jacobs)的波点帽精彩纷呈。也许帽子是唯一能让我们忘掉强权的饰物,让我们在严寒来袭之时,还能保持一颗活泼的童心。

受欢迎的是小手袋,与强大的衣装相比,小巧的手袋更轻灵活泼,各大品牌纷纷推出小尺寸的手袋,点化出女性在力量与强悍之外的轻灵姿态。今年 LV、巴利(Bally)及 Celine 包包在 T 台上的那一抹轻柔让人浮想联翩,当然,如果你还有一款漂亮手镯搭配的话,那该多么性感!

各种品牌的强权,颇有一种"衣不惊人誓不休"的架势,想想也是,在经济颇不景气的情况下,若不在第一时间以颜色和图案劫持消费者,谁还会为了这巨额的单品而埋单呢?

02

时尚社会学

凯特的婚姻不能
复制,但婚纱可以

时装

从来都是社会生活的
变化在衣服上的体现,

是人类的思想观念与潮流最快速的
象征反应,在时尚中可以读到世
道,读到人心,读到恩怨与情仇。
社会的、个体的、国家的变化与心
态,都在时尚这个万花筒中折射出
来……

空心的衣服

你可能知道的衣服资讯——谁给你买的,在哪里买的,多少钱,什么牌子,设计师是谁。但最多就是这样,你一般不会知道关于衣服本身的知识。

如果是一件纯棉衣服,你是否知道棉料产自哪个国家的哪一块土地?当地气候土壤如何?周围风景如何?是谁种下的棉?谁纺织的?谁印染的?谁设计的?谁裁剪的?谁缝的?谁质检的?用了哪些化学品?有没有污染超标?这些,你一无所知吧!如果是一件皮草,那么出自哪一头动物?谁养的?谁鞣制的皮?你不知道吧!就算是顶级的香奈尔或萨维尔街的定制,你最多知道店名、设计与裁缝、价格,更多的你就不知道了。想一想是不是很可怕?你对穿在身上的衣服本身一无所知,它与你没有关系,它只是作为商品穿在你身上——你竟然几十年将一无所知的东西穿在身上,这不可怕吗?

这种无知我将之称为"产品的空心化",衣服只作为终端出现,并且只作为产品出现,你对它的过程一无所知,它是抽象的模糊的"时装",它与你肌肤相贴相亲,但它永远是陌生者。作为"小艺术"的时装,它原本应该是艺术品,与创作有关,但现在它与创作无关,它是被"生产"出来的,是"产品",是无数件一模一样的衣服中的某一件。参与所有生产过程的人们,只是劳动者,而不是创造者。创造是给某物增加价值,劳动是将某物变成另一种形态。于劳动者而言,它们是无名的,所以你身上的那件衣服,它"没有"作者,如果非要说有,那些作者也处于"匿名"状态。参与过程的人对这件衣服是没有感情的,衣服与他们没有关系,他们只负责其中某部分,他们处理的是"产品",而你购买的是"商品",他们对它一无所知,你也对它一无所知,这就是"空心化"。

当我过了迷恋名牌的阶段,我想穿一些"明晰"的衣服,它们从棉、麻、皮到衣服的过程我都想知道,我还希望这个过程没有化学药品加入其中。我的衣服只此一件,绝不与人相同,并且这一件衣服是用手工缝制的——这就是一个时尚评论者最低也是最高的愿望,但这个愿望要想实现何其难也。因为时装就如这个世界一样,走在空心化的不归路上。还记得艾略特的诗歌《空心人》吗?世界就是这样告终的,不是"砰"的一声,而是一声抽泣。

且慢 欢呼	源自某奢侈品网站最近的一条无关紧要的消息： 2011 年 年 初，英 国 奢 侈 品 牌 戈 尔 德 金 妮 （Goldgenie）入驻中国，"带来了他们的精湛工艺，

用 24K 黄金和钻石重新定义奢侈"。这个 1995 年才创立的名不见
经传的奢侈品牌为了让中国消费者慷慨解囊，正大力向中国市场
推销由 24K 黄金和施华洛世奇钻石嵌入的独特限量版 iPhone 4、
iPad、iPod、高尔夫球具、玫瑰花以及鼠标等系列产品。

　　这样的品牌纷纷打着奢侈品的旗号到中国来淘金——中国俨
然成了当年美国盛产黄金的西部了。连这样的品牌都敢如此大
胆，意味着许多货真价实的一线奢侈品牌早就将中国当做了它们
的救生圈与增长点。在西方奢侈品消费奄奄一息的时代里，中国
经济崛起了，成为全球第二大经济体。也因为中国在奢侈品上的
消费能力，英国媒体基于"英镑"的概念创造了一个新名词——"北

京镑"。"北京镑"所消费的博柏利(Burberry)、LV、Gucci 等大牌奢侈品预计将会占整个奢侈品行业销售额的三分之一。"金融危机后的全球市场增长重新划分情况比人们预计的更戏剧化,"麦肯锡公司的于威尔·阿兹蒙说,"很多跨国公司现在有一种新的感觉,他们要开始将中国作为自己的本土市场。"

在中国人全球抢购的时候,在 made in China 已经让国内的时尚爱好者们深深厌倦的时候,"made for China"横空出世。Made for China 指的是特地为中国的消费者所制造的商品。

Hermès 是 made for China 的领跑者,它在上海开了一家"上下"(ShangXia)品牌店,由中国设计师蒋琼耳打理,算是中国品牌——由中国的设计师设计,由中国人制造,目前暂定只在中国销售。但因为 Hermès 的身份,"上下"也显出了其奢侈性及一种"时尚血统"。这个品牌的推出意味深长,买不起超级昂贵的 Hermès 吧?那就买同一血统较低价位的"上下"吧!不喜欢买洋货?那就买国货"上下"吧!反正,利润是我的。在 Hermès 之外,许多一线品牌也在 made for China:宝马推出一款专为中国地区消费者设计的宝马 M3 限量版车型;古罗伊(Chloé)发布一款中国版的红色 Marcie 手袋,仅仅因为红色在中国代表幸运;李维斯(Levi's)在上海推出新的全球品牌 Denizen,借更适合亚洲人身材的剪裁和本土化的式样吸金。

表现上看起来 made for China 意味着中国富有了,一向以西方审美为传统的时装品牌们也转过来关注中国审美、中国消费力,一种"泱泱大国"、"万邦来朝"的民族自豪感在某些人心里又油然而生。但事情的本质不是这样,在我看来,made for China 比 made in China 更糟,在 made in China 时代,中国的创意与设计还有待开发,媒体也一直在提要从"中国制造"转型到"中国创造";但现在事情却变得更糟,made for China 正是西方设计抢占中国设计份额的手段。不过也许我说得太严重了,在时装领域从来就没有什么"中国设计",所以不是"抢占"而是"覆盖"。

　　一个 made for China 的时尚时代,推延了 design in China 时代的来临。

大学生时装周的过家家

我一向很少关注国内时尚新闻,总觉得国内的时尚界不过是小孩子过家家,但这回因为一个化妆师朋友的缘故,关注了一下"2011 中国(广东)大学生时装周"。

我不知道国内的大学生时装界是什么状态,也没听说过哪一个大学生因其作品而被著名品牌挖走或因被品牌看中而成了重要设计师。这样的故事在西方很多,比如本哈德·威荷姆(Bernhard Willhelm),他 1994 年进入比利时的安特卫普皇家艺术学院,在当学生时他的设计天赋已经被赏识,系列作品"Pain Perfection Propaganda"赢得了全年最具创意奖。而他的毕业作品"Le Petit Chapeau Rouge"更赢得 Flemish Fashion Institute 颁发的荣誉奖状。西方的设计专业学生后来成为重要的设计师或开创自己的品牌,与西方对大学生设计的重视与推动有关。而在中国,大学生设

计师们没有这样的好条件，

　　本次时装周居然弄了一个比赛，这太让人匪夷所思了。中国人喜欢比赛，不可想象国际四大时装周如果也比赛会是什么情况。也许对一个大学生时装周不应该苛刻，但这些谈不上有创新精神的学生们很快就成为中国新一代时装设计师，如果他们在学生时代的最高水平不过如此，中国时装想要"与国际接轨"，恐怕那只是梦话或美好的希望。

　　未来不在明天，未来就在眼前。

当全民一起"奢侈"

女友去美国拉斯维加斯参展,回来给我讲了个小故事:她们展团中某位老板一口气买了二十多只蔻驰(Coach)的包包——在美国这个牌子的包包很便宜,一百多美元一只,二十多只折算成人民币也就两三万元,而这些钱在国内最多只能买四五个左右。有趣的是,这位仁兄对着一堆包包束手无策,毕竟他没有二十多只手,怎么办呢?最后他想了个办法,找来一根绳子将这堆包包串在一起,拖着走,像拖着一堆垃圾一样。女友问他买这么多包包干啥,这位仁兄神气地说:"回去送人,在内地这可算是大牌!"

Coach 在中国算是大牌,时尚知识不多的人会将它与 Hermès、LV 等混为同一级别的东西。事实上在美国它也算是"大牌",因为美国压根儿就没什么大牌,要算最高级别的奢侈品牌,只有拉夫·劳伦(Ralhp Lauren)一家,别的什么 Coach、CK、DKNY(Donna

Karan New York 的缩写)统统都是二三线品。美国没文化没传统,不像意大利、法国、德国那样名牌辈出,所以这也是很正常的事。

其实 CK 一开始并不是现在这样的品牌定位,虽然它在中国已经沦落成内裤的代名词,但起初它是美国一个很优秀的成衣品牌,也是全球很重要的成衣品牌,算得上是奢侈品。但在它大量地生产贩卖数十年之后,终于沦落到普通生活必需品的份上了。向平民狂奔而去的不只 CK 一家,许多大牌都有过这样的历史。Gucci最辉煌的时候,开发出 14000 多种产品,那是在 20 世纪 70 年代,Gucci"粉丝"们脸上戴着 Gucci 的太阳眼镜,脖子上结的是 Gucci围巾,肩上背的是 Gucci 挂包,手腕上是 Gucci 手表,皮衣裤当然也是 Gucci,脚下呢,当然还是 Gucci。《纽约时报》的时尚编辑称之为"Gucci 疯狂"。拽到这个程度,Gucci 若是不垮下去,怎么对得起消费者? 所以 Gucci 从经营的家族到品牌都玩完了,直到汤姆·福特(Tom Ford)真神发威才将它从三流品牌的深渊中拉出来。

奢侈品虽然有艺术的成分,但它首先是商品,商品要追逐最大利润,所以它会拼命地扩大生命与销售,尤其是在品牌所在的公司上市之后,再也停不下追逐最大利润的疯狂脚步,不过扩张的后果是——质量下滑、价格降低、受众增大,最后沦为人手一件的大众品牌。于一个白领而言,如果你一个月的工资可以购买一件奢侈品,那么这件奢侈品肯定不是保值的奢侈品,而是越来越滥的"名牌"。从顶级奢侈品降到名牌降到烂品牌的例子很多,比如 Pierre

Cardin、CK,正在热销的 LV、Gucci、Armani 也在这条烂路上狂奔而去。

　　奢侈品不是 KFC,时尚不是排排坐吃果果,当它们在利润最大化而日趋于平民之时,也正是它们的式微之日。要掌握奢侈与利润之间的平衡点,不是每个品牌都像 Hermès 那样的有智慧。

侵之入骨 的焦虑

对一个阿玛尼的"粉丝"来说，只穿它的服装显得不够，如果再飚阿玛尼的车，那才算是"升级"了一点点——但不是完美，完美应该是宇宙的 Logo 为"阿玛尼"，就像一个完美主义的 Chanel 粉丝眼中，宇宙应该是双 C 造型一样。但不用担心，品牌们一向善解人意，所以设计大师乔治·阿玛尼先生设计了带有他本人个性化签名的梅赛德斯-奔驰 CLK500 敞篷跑车，全球限量 500 辆。Armani、范思哲（Versace）、米索尼（Missoni）等进军旅馆界，LV 开了书店。Chanel 呢，它与法国米其林三星名厨合作在东京开了餐厅，大家都在"不务正业"，时尚界称之为"混界"。

混界的前奏是"混搭"，如果要恶俗地解释混搭——将衣服胡乱穿一把，Versace 的套装加上一块二手店淘来的表，加上一双波鞋……诸如此类不按牌理出牌就叫混搭。时装编辑们突然失去了标准,你不能判断眼前那个穿得"乱七八糟"的男人是不会穿衣还是混搭,混搭是一种时潮,但不会穿衣却永远是大多数人的时尚,于是少数人的时尚被大多数人的时尚"恶搞"了一把。

混搭成了个人主义的混界,而混界则成了普世主义的混搭。

从表面看来,混界似乎在赢家通吃,就像网络红人突然火了,然后玩主持、唱歌、演戏——成了通吃的大嘴,更何况时尚品牌这种江湖大鳄?它们不将大嘴横扫消费领域就太对不起上帝他老人家了。但风光的背面是品牌自身的焦虑,这种"品牌焦虑征"的表现就是混界——在消费细分化的时代里很容易就成为明日黄花,所以要将服装的旗子试图插在别的高地。时装品牌在行业内的影响那是内涵,而外延呢?小配件那不是真正的外延,要别的领域也去扩张那才是外延,所以就有了越来越多的"时尚品牌大殖民"。显然,"殖民地"的经济收益不是品牌的重点所在,就像一场婚外情并不指望能修成正果。

对消费者来说,尤其是对消费者中的品牌粉丝们来说,这种品牌的混界成了"身份确认加强版"。穿 Chanel 的人已是人中的"少量精英",而享受 Chanel 大餐的人呢?更是 Chanel 中的 Chanel。这像数学题:Chanel 服装是计算,Chanel 大餐则是确认无误的验算。身份的恐慌是中产阶层的通病,他们总要借助一些大牌 logo 才能看清镜中的自己,才能在兵荒马乱的街头找到一点自我的感觉。但大品牌越来越多,如何确认这种感觉?如何让这种感觉也"外延"?品牌推出的混界消费,再次扔给了他们一根稻草。

"品牌焦虑征"加上消费者的"身份验算",合谋出了品牌的混界,所以请不要指着品牌的鼻子骂它们制造了消费需求,你自己的伪需求也召唤了这种时尚。而这些背后,则是消费社会的吊诡实质,法国社会学家让·波德里亚的功能符号理论支持了这一点。

阿玛尼好穿,大奔车好开,但阿玛尼加大奔等于什么?是强强联手还是品牌大忽悠?只有上帝与买主知道,至于你的时尚肌肤在床上能不能睡出范思哲的傲慢、你的胃口能不能从饭菜中吃出香奈儿的经典、你的阅读能不能找到 LV 的奢华,只有你自己知道了。

红地毯
的社会学

一个电影颁奖晚会,如果红地毯上的晚装不够靓、珠宝不够炫、美女不够多,这个奖基本也就玩到差不多了。有人根据女人裙子的长短来判断社会经济发展状况——经济越繁荣,裙子就越短;反之,经济衰退,裙子也加长。同样,我们也可以根据红地毯上的衣饰价值来判断一个奖项的兴衰:衣饰越值钱,奖项也就越有人气;衣饰越便宜,奖项也就越衰气。

从百年时尚史来看,对生活中的时尚影响力最大的社会力量就是电影,就算在经济不景气的年代里,当红电影中的主角造型、衣服、发式、珠宝,都会很快地影响到日常生活中人们的选择。而对时尚界而言,对品牌、设计师、奢侈品商影响最大的则是电影奖项的红地毯,每一届奥斯卡的红地毯出现哪一位设计师的作品,设计师就会很快走红;出现哪一个品牌的珠宝,这个品牌离一线也就不远了;奢侈品商人们也会根据红地毯上的元素来确定下一季的走向……

对时尚而言,电影内容不重要,谁得奖也不重要,重要的是红地毯上出现让人眼睛一亮的元素。

Burberry 的 QQ 秀

时装与科技并不矛盾,但当 Burberry 的北京秀场开始用全息图像代替真实模特时,我觉得事情出现了本质的变化。

我们可以略就奢侈品级的时装与科技之间的关系做个小小的回顾。早在 1897 年,Burberry 的创始人托马斯·博伯利(Thomas Burberry)便发明了一种防水的纱,在织成布料前,先给纱线做防水处理,经此处理后的大衣可以在保持良好透气功能的同时,也能防风防雨。Thomas Burberry 给这种面料命名为"gabardine",并用这个名字注册为商标,后来这个名字被改为 Burberry。没有这种高科技性质的面料就不会有后来的 Burberry 品牌,可见 Burberry 有天生的科技性格。

而在 Hermès 方面,第一次世界大战爆发之后,Hermès 兄弟中的 émile-Maurice 赶往美国,替法国骑兵部订购皮革。在美国,他感觉到大量生产和各类交通科技的发展将会让旅行皮具制品的需求更快速地发展，他更预感到当时还未被欧洲人所认识的拉链将会在皮具上大有可为，于是便将其引入法国。Hermès 成为最先使用拉链的奢侈品牌，拉链的使用增加了它的市场竞争力。

纵观整个时尚史，科技并不是奢侈的敌人，凭借科技的无穷力量，时尚一直不曾脱离于社会的发展，时尚求新求变的精神与科技日新月异的精神颇为合拍。但有一些底线是时尚不曾突破的，比如真人走秀。真人走秀起源于查理·沃斯（Charles Worth），1845年他在巴黎推销自己的服装时找来一位女孩试穿他的作品。此后，模特机制被引入时装界，真人走秀成为各时装品牌塑造品牌形象与发布自己作品的最主要方式。时尚的主体是谁？是作为个体的人，有肉身的人，所以真实成为时尚的一个底线。

但是今年 Burberry 的北京秀场打破了这个底线，将大部分的真人秀换为全息图像。我们看到媒体上有这样的描述："不知在哪个时间点上，观众们突然意识到，台上走着的并非血肉之躯，而是一幅幅全息图像。在擦身而过的瞬间，他们突然换上新装，或是碰撞化成两团雪片。他们一边走，一边在身后复制出一个又一个自己，瞬间蒸发成水气和红云。一件件透明短雨衣无中生有地加诸他们身上，或化于无形。"够酷吧？绝对酷。像电脑游戏中的画面，又像多媒体新艺术。

在这绝对酷的后面，本质是人这个主体被影像与特技所替换，人正在从时尚的中心向边缘移动，虽然在这场发布秀上 Burberry

仍然用了一些真人模特，但这不是重点，重点是特效的图像。这几年的发布秀之中，Burberry 都钟情于网络发布，让全球的人们可以在网络上第一时间看到 T 台的走秀。网络走秀，意味着观众被抽空，而全息走秀，则意味着作品与模特也被抽空，还剩下什么？剩下那些店铺中昂贵的大批量生产的机制成衣，以 Burberry 的精神？它绝对会发展到肉体、衣服、观众都被抽空的阶段，那将是什么样的图景？别好奇，别以为多了不起，QQ 秀早已实现了这一点——身体图像化，衣服图像化，只有商业是真实的。Burberry 做得再酷，了不起也就是一大型的烧钱 QQ 秀。

　　但人正在被虚拟地图像化，这是我们共同面临的"暗夜之深渊"。

凯特的婚姻不能复制,但婚纱可以

春天将过,夏天正来,于西方世界而言,鼓舞人心的喜事一件连一件,那厢里才看了威廉王子与凯特·米德尔顿的"世纪大婚",这厢里又击毙了本·拉登。不过,本文不讲拉本·拉登,而要讲讲凯特的婚纱。于女性而言,区区一件婚纱的重要性远甚于本·拉登。

既然凯特的婚姻是"世纪大婚",她的婚纱自然也就是"世纪婚纱",这件婚纱大有来头,它的设计师是莎拉·伯顿(Sarah Burton),亚历山大·麦昆(Alexander McQueen)品牌的掌门人。莎拉·伯顿作为亚历山大·麦昆在中央圣马丁学院(Central St. Martins)的同门师妹,1996年从圣马丁毕业一年后便加入了亚历山大·麦昆的旗下,14年来一直与亚历山大·麦昆一起工作,是他在世时的密友和第一助理,亚历山大·麦昆自杀后,莎拉·伯顿接替了他。

凯特·米德尔顿亲自参与了婚纱的设计，与伯顿最初的几次商讨通过互联网完成，试穿安排在威廉王子位于安格尔西郡的私人农舍里。婚纱上的精美刺绣由设在汉普顿宫的刺绣学院承担，负责刺绣的工人人数至少有 12 人，分别来自英国、日本、中国、美国、泰国和德国，年龄为 19～70 岁。工人每工作 30 分钟必须洗手，以免弄脏蕾丝和珠子；每工作 3 小时就要更换新针，以确保针的锋利。而白金汉宫声明表示："米德尔顿小姐选择英国品牌亚历山大·麦昆制作她的婚纱，因为它有很好的技术，传统工艺制作得很好。此外，米德尔顿小姐还参与莎拉·巴顿的设计工作。这个婚纱代表着永恒的英国手工绘制工艺、英国的卓越技巧，体现了英国现代浪漫的设计风格和杰出的现代女性特色。"

最后，我们看到的"世纪婚纱"如此这般——婚纱上的蕾丝面料采用起源于英国的 Cluny 蕾丝和起源于法国的 Chantilly 蕾丝。其中英国的 Cluny 蕾丝由 Royal School of Needlework（RSN）手工制作，这种古老的蕾丝加工工艺名为 Carrickmacross，起源于 19 世纪 20 年代的爱尔兰，每一朵蕾丝花朵都先用纯手工裁剪和缝制，再缝缀在象牙色的裙摆上。花朵的种类包括了玫瑰（英格兰国花）、蓟花（苏格兰国花）、黄水仙花（威尔士国花）和三叶草（爱尔兰的国花），象征了英国（大不列颠及北爱尔兰联合王国）的四个组成部分。婚纱的裙摆用象牙色、白色的绸缎和透明丝织物制成，附有 2.7 米长的拖尾，模拟盛放的花朵的形状。腰部收紧并在臀部加上衬垫的样式,既是英国维多利亚时代流传下来的传统,也是亚历山大·麦昆常用的设计,婚纱的后背处用58颗包裹着白色乌干纱的纽扣固定。此外,新娘头纱用多层象牙色的薄纱制成,边缘有蕾丝花朵修饰,用伊丽莎白女王借给凯特的卡地亚"Halo"钻石做冠冕固定在发间。婚鞋也由亚历山大·麦昆品牌纯手工制作,象牙色的缎面高跟鞋上,配上 Royal School of Needlework 制作的蕾丝装饰。

唯有"完美"二字可以概括凯特的嫁衣。

渴求完美的不仅仅是凯特一人,普天下的女子们同样渴求婚姻与婚纱的完美:嫁给一个国家的英俊王子,婚礼成为第一焦点,婚纱成为将来所有女人模仿的样板……这样的美事,哪一个女子不想要?但天下毕竟只有一个威廉王子,也不是每个人都请得动莎拉·伯顿来制作婚纱——凯特的婚姻不可能被复制。也罢也罢,婚姻算了,婚纱总可以复制吧。那厢凯特在享受她的盛大婚礼,这厢普通女子也可以购买复制版的凯特的婚纱。

于是,在凯特·米德尔顿前往英国伦敦威斯敏斯特教堂完婚后的 5 个小时内,英国一家制衣企业成功复制了这款新娘婚纱。这家名叫"改变精品屋"的店主劳尔·埃切维里亚说:"从她(凯特)坐进车里那一刻开始,我们判断婚纱的蕾丝种类,以找到尽可能接近的款式。我们看电视画面,判断该用什么面料,然后联系供货商,试图找到最接近的面料。"这家店一共购买了 10 米衬料、10 米薄纱、10 米网眼织物、15 米缎子和 4 米蕾丝,花费将近 1700 美元,完成整个工程耗时 5 小时。

英国速度让中国难以望其项背,但中国人并没有停止复制,仅在王子大婚后的 31 个小时,第一件中国"克隆版"的凯特王妃婚纱便在苏州虎丘婚纱市场新鲜出炉。"这件婚纱我们是在 5 月 1 日的凌晨完成的,等于婚纱正式曝光后 31 个小时我们就制作完成了这件'克隆版'。为了制作这件婚纱,我们制作团队的 6 个人从 29 日晚上 6 点到婚纱制作完成一直就没合过眼!"但克隆毕竟是克隆,虽然不论是从婚纱款式的制作、布料颜色的选取、裙摆上的一些小饰品都与原版几乎一致,但与凯特的婚纱比对,"克隆度"也只有 90％左右! 而在许多网店上,定做这一款婚纱的周期为 15～20 天,下单后最快也要 20 天才能到货,如果是非手工制作,售价大概在 1580～1800 元之间。如果纯手工制作,价格最少贵 10 倍以上。

公平的是,凯特的婚姻不能复制,但婚纱可以;不公平的是,所有复制的凯特的婚纱仍然有不相似,在价格上也难以企及。

没有人的幸福可以成为绝对复制的样板。

看他们 拍大片	在今年的时装海报中，女模吉赛尔·邦辰 （Gisele Bundchen）和男模瑞安·巴雷特（Ryan Barrett）演绎的范思哲 2012 春夏广告大片，无

疑是非常唯美且有风格的。这组广告大片的拍摄地选在美国加利福尼亚州的 Borrego Springs，四周是沙漠，但广告大片的灵感则来自于海洋，摄影师 Mert & Marcus 把作为背景的泳池变成了碧蓝的大海。

拍时装广告大片的费用并不低，但品牌为什么要这样干呢？摄影并不必然与时装绑在一起，两者被联系到一起，要等到 Gay Bourdin 出现之后，才有一些看上去的理由。Gay Bourdin 是第一位从拍摄时装的具体景象真正转移到充分利用想象拍摄的时尚摄影师。在他看来时装广告并不只是衣服鞋子之类的照片，而是要引起人们的想象，他把时尚摄影变成了时尚行业中必不可少的一环。

时装并不属于艺术而属于工艺与商业,艺术受人尊重,可以进入殿堂,时装只能在店面里卖卖,如何提高身份? 所以需要与艺术搭上边界。用摄影艺术来拉工艺一把,用作为艺术的影像来代表实物,让摄影艺术家与品牌发生关系——某种接触巫术的思维与效果,是提升时装地位最好的方式了。有效果吗? 当然有,当年汤姆·福特(Tom Ford)主理快破产的 Gucci 时,请来摄影师马里奥·特斯蒂诺(Mario Testino)拍广告,果然一炮打响,将 Gucci 从快破产的边缘拉了回来。

后现代属于影像消费的时代,时装摄影的存在,正好将有形的实物变为无形的影像,将粗鄙的事物精细化,人们接受作为艺术品的影像,进而移情于接受实物本身,看看许多人冲进店里说买广告款就明白了。时尚广告在此充当了将品牌宗教化的角色,品牌即宗教,而宗教的普及要靠影像的传播。时尚分析家马克·唐盖特(Mark Tungate)将时尚摄影称为"品牌翻译",而伦敦摄影家文森特·彼得斯(Vincent Peters)说:"时尚摄影就是要把品牌转变成一种观念。通常,时尚公司有他们的产品和品牌,却不能很好地将两者融合在一起,而摄影师的工作就是要成功进行转变,将品牌融入人人熟悉的影像作品中。"

蟒 皮
与时尚

今秋蟒皮元素如灵异出动，或精致细雅地点缀在马克·雅可布（Marc-Jacobs）的手袋上、Prada的鞋上，或大肆张扬地将 Chloé 的模特变成蛇美人。蟒皮，带着那么一点邪恶的性质，是什么时候进入公众视野与时尚联盟的？

最早在时装意义上将蛇与时尚联系起来的，是希妲·巴拉，如果将她的名字倒过来，就是"阿拉伯死神"的意思。她是时装业的一记重磅炸弹，总是不失时机地展现她那一丝不挂的美丽胴体，只在关键部位饰以鲜花或芯片。而她也总在香气四溢的屋子里一边接待记者，一边抚摸着一只大蟒蛇。如果说保罗·波烈在意想和设计上实现了身体的解放，那么希妲·巴拉则身体力行地实现了它，将女性的身体隐私部位解放出来，坦然地绽现着身体之美。

蛇纹在 20 世纪 70 年代开始作为装饰出现，在耳环上或是在信封的纸张上。80 年代的时候,最早出现了意大利 Vintage Andrew Geller 蛇纹的麂皮靴子、Jimmy Choo 的炫彩蛇纹高跟鞋。90 年代蛇纹依然低调,只是作为设计的一个边角元素。豹纹开始盛行的年代,与 20 世纪末的经济和女权运动有关,那时候女性开始发现潜藏在自身的能量和领导力,并以更积极的姿态进入公共活动。蛇纹一直到 21 世纪才真正被大众接受,自始开始作为设计元素被大量采用,2009—2011 年成了设计师的心头之好。大尺寸的蛇纹出现在西装这些中规中矩的正装上,晚礼服也极尽优雅之能事,2011 年的 T 台上涌动着一股优美的妖娆之气。

其实细细想来,与蛇有关的一切,不仅仅代表着邪恶,更代表着美,而且是致命的诱惑之美,是欲望与颠覆。蛇本身表示着人对于身体的欲望,而人对身体的欲望是心存畏惧的,因为身体会消失,随着春夏秋冬四季轮回,人的肉身会灰飞烟灭。细究人类历史,对短暂的极致的美,人们要么是哀伤,要么是恐惧,而鲜有抱着热烈的回应和赞赏的态度。身体的美与樱花一样是易逝的,具有惹人心碎之美感。为什么人们对樱花的美不曾恐惧?因为樱花不具备进攻性。蛇的美是有进攻性的,如此看来,人们对蛇的恐惧源于人的软弱。对美到极致、足以吞噬掉人的事物,人们无从掌控,从而将它定义为邪恶,或者说神秘。谁说蛇的美中没有哀伤?这种冷冷的带着距离的哀伤难道不也是对易逝的、不容把握的事物的哀悼吗?那种最哀伤的乐器——二胡,便是用蛇皮做的,而且最靠近蛇的生殖器官的蛇皮,音色和弹性也最好。唉,这是多么性感的忧伤啊！

　　是不是可以这样说，当蟒皮盛行的时候，复活的是"邪恶"这个词的符号，或者说是潜意识里对易逝身体欲望的再次宣扬？或者说蟒皮的流行，是人类面对神秘事物的一时盲目自信，当人类的足迹无处不在，似乎用钢筋水泥征服一切的时候，我们连唯一的恐惧也荡然无存了呢？

　　这到底是对身体解放的宣告，还是对身体易朽的蔑视？或者什么也不是，仅仅是为了那点可怜的商业利益？

男人的小玩意

宝钗道："用鸦色断然使不得，大红又犯了色。黄的又不起眼，黑的太暗。依我说，竟把你的金线拿来配着黑珠儿线，一根一根地拈上，打成络子，那才好看。"宝玉听说，喜之不尽，一迭连声就叫袭人来取金线。

这是《红楼梦》里莺儿为宝玉巧结梅花络的片断。在如今越来越不精致的语境下读到这样的文字，一阵舒坦。

古代男人多多少少都有些随身的私人小玩意，无非是汗巾子、扇儿、坠儿之类，这些东西的功能只为了把玩怡情，并无任何其他的实际功能。除了扇儿拿在手上可以扇风外（电视剧里的公子们即使冬天也拿着扇子，可见扇子更多表达了公子们的翩翩风采），其他物品往往极具私密性而不外露，因而也经常被拿来做定情信物，所以古代人的爱情是极其私密而含蓄的，一块手帕也往往成了传情之物。

　　现代男人不时兴玩这些，你要在大街上系汗巾扇扇子准被白眼死，除非偶尔有一山顶洞人出场展露一下仙风道骨。那现代男人玩什么呢？某日与某君聊天，大叹时尚留给女人的空间太多，而留给男人的空间太少。女人可以玩发型、玩包包、玩礼服、玩鞋子、玩香水、玩化妆品……而男人呢？衣服颜色永远单调，配饰搭配一成不变，稍微有点花色就太文艺了，再花一点就妖了，如果实在太花，就只好去唱京剧了。

　　那男人玩什么呢？其实男人什么都玩过，所有与时尚有关的东西都是先由男人兴起，再慢慢传播到女人中间的，比如摇滚，比如戴墨镜。女人永远是跟在男人的时尚屁股后，永远慢半拍。女人美丽的褶裙，巨大的巴洛克风格的衣衫，那是为了取悦男性，而不是为了引领时尚。近代时装方面也只是出于实用的功能将女性往男性化方向引领，甚至连皮草这样的性感物，最早也是男人送给女人的礼物，那是技艺高超的猎手亲手制成，送给女人的目的不是为了让她取暖而是为了让她感受皮草的美丽。在男性时尚和女性时尚的关系中，女性始终处于跟从男性的地位，并且女性时尚所做的一切是为了取悦他人，而男性时尚所做的一切则是为了取悦自己。

　　在这个男性处于主导地位的时代（其实一直是），男人不需要取悦他人。男人所需要做的是彰显和安慰自己，所以男性的时尚观念里更多充斥着享乐主义的声音。男人不需要随时随地彰显自己，他们用豪车游艇处理外在的世界，而对于自己内在世界的安慰,则是那些细小的事物——一把年代久远的军刀,一对精致的袖扣,一串体贴昂贵的钥匙链,一抹胸口处的缀饰。当然,如果你有足够的空间来储藏你的私密用品,并且这种行为达到一种极致,就有可能有震撼的效果:丘吉尔一生抽掉 25 万支雪茄,而他每次订雪茄的数量是 2000 支一批! 卡扎菲的私人寓所里则整整有几万支红酒! 男人的小玩意,小玩怡情赏心,大玩甚至有可能上升至艺术品鉴。

　　说到这里,当代中国男人简直是世界上最无趣的男人,当他们选择一件例如手表这样的小玩意时,也是选择那个最贵的,而不是他们最喜欢的。他们只是不明白,小玩意是拿来安慰自己,而不是拿来彰显。于是,中国男人成了最不会安慰自己、最不会享乐的男人。

奢侈品的"民主"

财经新闻显示,奢侈品网购正成为风投所围猎的对象,第五大道奢侈品网的CEO孙亚菲称,与2009年相比,现在想要获得奢侈品网站的相同股份,要付出的投资金额至少要翻8倍。也正是这种攀升,让风投更感兴趣。中国人真的准备好网购奢侈品了吗?答案是:是的。《2010中国奢侈品报告》显示,近半数的受访者愿意网购奢侈品,北京受访者乐意网购的是54%,上海方面则是47%,而这其中男女倾向也不同,女性占80%以上的比例。

这里的"奢侈品"显然不包括游艇、私人飞机、手表、珠宝等过于昂贵的奢侈品,再说这些动辄几十万数千万的奢侈品,更不是喜欢网购的白领或中产阶层可以轻松拥有的。这里说的"奢侈品"一般是指一二线的时装、鞋子、包包,价位在数百到数万之间,严格说来不是"奢侈品"而是"时尚品"。

在我看来，"奢侈品"与"网购"似乎是反义词，奢侈品是只有极少数人才有能力拥有的、与众不同的、缓慢的、个人化的非生活必需品，诸如英国萨维尔街的定制西服，这个不可以网购，是吧？诸如 Hermès 的 Birkin 包和 Kelly 包，这个也不可以网购，是吧？真正的奢侈品，是针对个人需求的，它源于手工制作，拥有最好的质材，需要漫长的等待时间，当然也最昂贵的价格，它是一种"优雅的等待"。而网购的产品，绝大多数是无个性的、即时的、速食的、大批量的、尽量低廉的东西。两者在文化内涵上无法对接，所以"网购奢侈品"从本质上来说是不成立的。

但在中国，奢侈品网站的确风生水起，这原因又何在？我们说过，它售卖的奢侈品本质上是时尚用品，这是其一；其二，它低价，因为它"直接从品牌拿货"，省掉中间商与门店费用，所以在价格上更便宜。网购让"便宜"成为奢侈品的特征之一，这显得比较荒诞。奢侈品之所以"奢侈"是因为它的昂贵，一旦它便宜了，小资们可以人手一件，还有何"奢侈"可言？另一个问题，它的便宜仅仅是因为省掉了中间环节？答案是否定的。便宜的原因有几：一，从欧美品牌授权的经销商手中买断库存；二，获得品牌的网络代理权；三，本质是海外代购；四，用二手货与假货充正品。这些"便宜"的原因也成为风投在围猎奢侈品网站时考虑的重要因素。

我们购买奢侈品，不仅是因为它的 logo，也因为我们在实体店中可以与实物接触、挑选、享受优质的服务，与自己所买的物品相当于"一见钟情的爱情"，而网购则等于"照片相亲"。老派的、真实的奢侈品享用人士,是不会网购的。而热衷于网购的一般是白领、小资——中下层的社会人士,他们看中的是 logo,而不是真正的奢侈。

　　但是,我相信奢侈品网购的风行,一定会将奢侈品从高高的宝座上拉下来。奢侈品的本质还是商品,要追逐利益最大化,网购为它们打开了更为广阔的市场,所以它们肯定会奋不顾身地跳下去,有的会"吧唧"一声摔成碎片。这种摔死在时尚史上的例子并不少见,比如曾经的 Gucci、Pierre Cardin、Burberry 等,就曾从高高的宝座上跌入普通货品的泥淖中。所以,如果我们要展望,那么可以相信,网购正是给奢侈品祛魅、让奢侈迈向平民的一种"民主"。

旧病复发的时尚

问：半老徐娘可以做什么？

答：可以去弹《琵琶行》。

再问：人老珠黄可以做什么？

答：时尚。

如今的时尚，委实如老掉牙的祖母在怀旧，每过几日就将自己的前尘往事喋喋不休一番，不管看客和听客如何反应，这祖母倒是自得其乐地吹拉弹唱着，流了一地口水。如果时尚品牌重复它们的历史和悠久传承，你可以说这是营销手段，但是如果它们不断消费前人的设计理念，甚至连色彩和材质也过几年旧病复发地重演一番，那这算是什么呢？难道是设计师们已经江郎才尽不能推陈出新了吗？答案是：这同样是一种营销手段！

有一个不争的现象：过去被承认过的东西，永远都会有一批人去承认它，不管这东西是对是错，是真是假。我们经常感叹人心不古,世风日下,这么一感叹我们就认为古人高风亮节,如日月在天。事实上古人的事情我们哪里知道得那么贴切,对古人故事的追想,一半是我们的想象,一半是人类的记忆顽固地过滤掉丑陋的部分。

这种顽强的复古情结让我们对过去带着一种不分青红皂白的偏爱,具体到时尚的运用上,就是一种重复性的审美。过去被喜欢过的东西永远都会有人再喜欢它,就如 DNA 链条一样螺旋上升,年年岁岁花相似,岁岁年年人相同。

来自于纽约的时装设计师 Ariana Rockfleer 将自家客厅里的一幅毕加索名画的蓝白线条直接运用到自己的设计中。至于把村上隆设计的图案应用到时装上,那当然也是出于对村上隆的敬意,而不是局限于时尚品牌本身。时尚不过是搭了一趟这些被认可的作品或者名人的顺风车,在消费者还带着惯性思维的时候,不知不觉地将他们口袋里的钞票进行了转移。

对于年轻的时装设计师来说,要想获得成功的最快捷径莫过于一种高超的模仿。如果他在设计中似是而非地借鉴了一位知名大师的风格,让人隐隐约约地看到某位故去大师的影子,那么出于大家对故去大师的敬意,他也很容易在时尚界站住脚跟。至于自己的风格,那是成名以后的事情。如果他的艺术功底实在很强,再玩一次跨界,那简直就是一个天才横空出世了。

阳春白雪有高士咏叹,下里巴人也有村夫相和,樱花的凄美打动了一代又一代日本人的心,而西部牛仔的形象也总是让人心动神往。我们无法破解这种根深蒂固的遗传密码,你可以说是文化惯性所导致的审美惯性，也可以说是来自基因深处的记忆。这些现在看来都无关紧要了，你只要记得将它运用到时尚营销上就可以了！所以你会看到时尚周而复始地运转，会看到销声匿迹的色调在某一个季节卷土重来，会看到某一个设计鬼魅般的身影闪过，会从某一个时尚品牌身上闻到远去时代的气息，会从某个款式中看到熟悉的标志，而这些都曾在过去的某个时刻打动过你的心。

最后，如果你出身名门，那你在时尚圈要获得成功当然要比你从未在此混过要容易得多，说到底，时尚界还是认老脸的！

性别是谁的发明

"这是什么饮料，怎么一点味道都没有？"

"那是水！"

"水？他妈的是谁发明的？"

这是最近大热的电影《丁丁历险记》中阿道克船长的台词。这部风靡全球的电影直接把上帝创造的夏娃剔除出去，陪伴在男主角身边的是一只狗。这部电影在后期动画处理的时候，将演员的特性有意模糊不清，变成了只有动作声音的一个角色，甚至连角色的性别也无关紧要，如果我们将该主角直接替换成女性，也未尝不可。我们是否该问：性别？他妈的是谁发明的？

关于性别起源的问题，估计上帝他老人家也没有搞清楚，从外在的性别特征来说，时尚的历史是一个模糊男女外在身体性别差异、对身体解放的历史。但在解放中，一直存在着性别的犹疑与担心性别差异丧失的焦虑，所以时尚的历史也是对性别反复模糊和再确认的历史。从香奈儿的中性女装，到伊夫·圣·洛朗（Yves Saint Laurent，简称 YSL）两重性格的强调，再到梅森·马丁·马吉拉（Maison Martin Margiela）的中性设计，都体现了一种性别特征的暧昧和对女性身上蕴藏的男性力量的推崇。在 Maison Martin Margiela 的 2011 秋冬时装周中，甚至直接动用男模进行女装展示，其男性的妖媚灵异，让人心动神摇。关于这一点，Yves Saint Laurent 说："美丽？毫无价值。重要的是吸引力、震撼力和人们的感受。"

对时装大师们而言，强调性别差异毫无意义，重要的是展示和探索女性的神秘。那是一个充满了想象和创造的世界，是一个只有真正领会的人才可以进入的空间，让女性回到天然素朴的状态——线条清晰且充满原始的力量。消除性别差异，正是为了让女性回到无拘无束的状态，首先回到一个人的状态，其次才是女人，也就是先让女人具有人性，其次才是女性。消除性别差异，是对女性作为一个完整概念的打破，这种打破企图找到一种回归。

问题是，我们目前是否已经达到了回归之终点？为了达到这种回归，女性形象和女性人格事实上已经经历了一次肢解。从女性形象上，这种肢解除了趋向于简洁与男性化外，另一个趋势是日益夸张和怪诞。女性心理上的肢解则表现为女权主义运动的兴起。而另一个问题是，这种肢解是否是有效的，以及肢解以后如何重建？

事实是这种肢解让我们离人性更远，因为这种肢解去掉的不仅仅是性别特征,更有人性本身。对 20 世纪的时装大师们而言,肢解性别特征的目的是为了探索与保留人性,发现人性之美好。对 21 世纪的时装设计师们而言,只是为了肢解而肢解,肢解本身即是目的。他们宣称他们的目的是为了抵达人性的彼岸,最后却变成了个人情绪的宣泄——颜色使用杂乱不堪,性别模糊尴尬,个人形象阴暗而不是神秘。看看马丁·马吉拉(Maison Martin Margiela)的本季度秀场照片,整个秀场笼罩在一片压抑而近乎绝望的冷艳之中——他们是回归人性,还是毁灭人性?我们会不会像阿道克船长一样,面对人性的汪洋茫然无措。说到底,回归人性只是第一步,而回归到女性还有更长的路呢。如果对女性肢解的设计师大部分是男性的话,那回归女性,是否需要一位伟大卓越的女性设计师呢?

　　下一个问题是,夏娃是有必要的吗?

手工是什么意思

Hermès 的丝巾原料不是普通的平滑丝绸，而是有细直纹的丝布——用丝线梳好上轴再编织而成，如此便不易起褶皱，编织过程中有时会加上暗花图案。在印制时，每种颜色用一个特制的钢架，运用丝网印刷原理把颜色均匀逐一地扫在丝贴上，每一方丝巾须扫上 12～36 种颜色。卷边也不用缝纫机，手工缝制是必须的。每年有 2 款丝巾系列问世，每个系列有 12 款不同的设计，6 款是新品，6 款基于原有设计做重新搭配。而每一条丝巾通过一只又一只的手，需费时 18 个月才得以诞生。为何如此费时？因全部以手工制成之故，"时间就是金钱"，在此得到完美的体现。

所以 Hermès 做的丝巾被认为是最好的，也是我唯一会购买的丝巾，我喜欢将它当做礼物送人，因为它制造的缓慢适合我对奢侈品的理解。

但中国人显然不太理解手工的意义。某位打扮得非常时髦的女士问我:"既然可以一次性印刷,何必分多次? 既然假的在质量上也差不多,又何必花大价钱买真的?"对此,我只能无语,我的确无法给急功近利只看见物质而不曾看见品牌文化的人解释。我所碰到的绝大多数看起来很时尚的中国女性,都未曾理解什么叫品牌,她们会买假名牌,或者会以低价去买外贸品、打折品。显然她们不理解手工的价值之所在,更不会消费手工制品。

不理解品牌是一种文化,就不会理解手工的意义,品牌不仅是缝在衣领上的布标,它更是一家企业在漫长的时间段中对时装所投注的理解、革新、精神、态度与希望,它是一个国家文化精神在时装上的积淀,是一个企业所创造的艺术精神。如此才可能理解手工,手工代表的是缓慢认真地对待每一件作品,从传统文化的角度来创作每一件作品,按积淀的工艺来要求每一件作品。这是人与作品的交流,人与作品是平等的。

因为手工代表的是一个国家或一个地区的"工艺记忆",所以自 1985 年以来,Chanel 公司将法国最顶尖的七家工坊陆续揽入旗下,包括珠宝配饰工坊 Desrues、羽饰工坊 Lemarié、刺绣工坊 Lesage、鞋履工坊 Massaro、帽子工坊 Michel、金银饰工坊 Goossens 及花饰工坊 Guillet,这七家工坊共同组成了 Paraffection 公司。Chanel 认为:"Chanel 有着保存法国独特传统技艺的使命,并将之留在时尚之都巴黎。"

今天中国没有任何一个顶级时装品牌,更没有纯手工的时装品牌，我们的"工艺记忆"早就断绝，虽然中国曾在手工上有着无与伦比的绝技。在我们只将时装当做"物"的时代，不理解手工且只热爱假名牌是必然的现象。

那个英俊的天才诗人兰波在诗中如是写道："未来的日子将会是一个以手创造的世纪。"它不是写给这个时代的中国人的，我敢肯定。

03

时尚历史学
有多少波希可以米亚

若想，

读时尚，则要去追寻它变化

的历史，去追寻它在历史中受到什么样的影响，这有助于我们洗去时尚的油彩，去看素颜的它是什么样的本色。 时尚是最转瞬即逝的现象，但却根植于某种不变的本质，源自历史深处，并成为历史中闪烁的亮色，这就是时尚的动人之处，也是时尚让人感慨欷歔之时......

鱼最不想要的圣诞礼物

圣诞节有如点金指,将平时并不奢望的高级时装都变成了"礼物",于是,可以名正言顺地张开欲望的翅膀——不是飞到奢侈品身边,而是让那些奢侈品飞过来,乌泱乌泱,一大堆……

你最想要的圣诞礼物是什么?

当媒体问澳大利亚时装设计师亚历克斯·佩里(Alex Perry)圣诞节梦想得到的礼品时,他的回答清楚而肯定:LV 的产品。这让人不能不鄙视这位仁兄的品位,老气、土气、商业气太浓。我在这顺便也损一下 Gucci,这两家的产品,不说也罢,真的!不是所有贵的东西都叫奢侈品,记住,更重要的是文化传统与设计。

中法混血的造型师 Melanie Huynh 想要的圣诞礼物是一件漂亮的 Lanvin 豹纹真丝睡衣和 Cartier 的手镯或戒指。看看,这就叫有品位,是会挑东西的主儿,不愧当过法国版 *VOGUE* 主编的助理。不过那睡衣应该是男友送吧,普通男人送,性暗示太强,女人送呢? 呃……还是有太强的暗示性。

也许 Celine 的那件白色及膝羊皮斗篷正是千万女人最想要的圣诞礼物,媒体用勾引性很强的词大肆宣扬:"穿上身后的感觉就像把圣诞节的所有温暖通通裹进了一件既漂亮又舒适的外套里。简言之,这是斗篷中的极品,宽松而匀称的尺寸舒适又有型。反对派也许会说斗篷太不实用而且有碍手臂活动,其实没那么夸张,你又不需要像交通指挥员那样整日大幅度挥动手臂。"

看中了想要的圣诞礼物,去哪里买? 所有时尚人士想都不想就会回答说去香港。香港价位要比内地低,圣诞前后打折更是疯狂,用港币结算,很是划算。但问题是香港像 Hermès 这样大牌的店,会让你等成"戈多":门外排长队,进门的客流量被控制,圣诞前后会更是拥挤不堪。此外,回内地时你需要将那些商标扯掉,穿在身上,胖如北极熊般过关,否则极有可能被勒令申报关税。

以上是人类的圣诞礼物,而鱼类最不想要的圣诞礼物是什么?艾烈希(Alessi)的仙杜拉鱼锅,售价 9800 元,商品介绍是"做鱼时最烦的莫过于鱼不能以完美的姿势躺在锅里了,精于设计的 Alessi 最新推出的仙杜拉鱼锅会解决你的烦恼,这款长椭圆的锅体积几乎是普通锅的两倍,幸运的是你只用普通火源就可以了"。这个锅并不能解决鱼的烦恼,并且只会增加它们的烦恼,所以它再酷再昂贵,我敢保证,鱼们一点也不会想在这个圣诞节得到它。

有些时装,于我们也是这样的鱼锅。

| 中国元素
中国风格 | 2011年1月13日,在巴西里约热内卢进行的时装秀中,巴西时装品牌 TECA 将青花瓷等中国元素融入其最新的时装设 |

计中,中国元素成为一个不可忽视的热点。

　　中国元素其实一直没有从 T 台上消失过,其越来越成为时尚界逃不过的话题,也越来越成为时尚界的一个关键词。中国元素不仅仅是"元素",它已经成为重要的艺术"意象",在现代服装设计中越来越往"主题"靠近。闪光的中式面料,艳丽的民族色彩,传统的凤凰、牡丹、祥龙、青花瓷等中国吉祥图案,精致的刺绣、滚边、盘扣,这些最具中国特色的元素越来越多地被设计师们熟练地运用在时装设计中。

　　综观这些年来中国元素在时装中的运用,我们发现:在工艺材料运用方面,中国特色的织锦与刺绣运用得最为广泛;在图案色彩方面,西方设计师并不仅仅停留在过去对龙和花卉团纹样的复制上,他们更多挖掘具有中国人文气息的绘画,如水墨画。当我们谈及中国元素,会自然想到旗袍、马褂、坎肩等,中国设计师更多地会按照固定的思维模式去添加盘扣、装饰图案和刺绣等;而国外设计师则只是把这些款式造型作为服装的一个构成元素,用后现代的解构法将中国样式、线条、色彩等当做一种符号、语汇,通过非传统的手法融入设计中。对传统的款式造型进行重新演绎,这是西方对东方元素的不同处理方式。

为何中国元素会走红,会越来越成为国际时装设计中的亮点,甚至主题?

外部原因大概是,随着中国经济的发展,中国正在成为经济大国,中国经济对世界的影响越来越重要,随之中国文化与中国审美对世界的影响也在加强,时装中的中国元素作为文化的一个有机组成部分,自然也就引起了时尚界的注意。此外,中国已经成为奢侈品消费大国,在国际奢侈品市场不断萎缩的这几年,中国的奢侈品市场却势头正旺。从销售目标来看,在设计上使用中国元素,无疑是全球大牌拉近中国消费亲近感的一种有效手段。

究其内部原因,从 20 世纪 70 年代起,森英惠(Hanae Mori)、高田贤三(Kenzo)、山本耀司(Yohji Yamamoto)、川久保玲(Comme des Garcons)、三宅一生(Issey Miyake)等日本时装大师对国际时装界的影响日益突出,日本风格成为国际时装中的一个主题。受之影响,与日本风格邻近的中国元素,自然也就引起了国

际时装界的关注。设计大师们发现，中国元素是非常不错的灵感
之源，是现代时装中充满异国风格的点缀，它的神秘、古老、异域风
情，都是时装设计中值得重视的元素。

　　但情形仍然不容乐观，国际时装界并不承认"中国风格"这种
说法，而日本元素却被称为"日本风格"。元素与风格之间是有本
质区别的，元素只是零碎的点缀，而风格则是整体的艺术效果。

　　从中国元素到中国风格，还有漫长的设计之路要走。

自主知识产权是"神马意西"

"娘子，相公我要去香港。"我对女友说。从来都是女友陪我去香港，这回我一个人突然要去，她大为惊讶。后来女友说，她怀疑我是不是去香港会小情人，或者与情人相约一起去香港。究竟我一个人去香港是取真经还是有什么不良企图？且听结尾分解。

又过了一周，与记者朋友在 msn 上说话，她问我知道不知道某品牌，我说不知道，沉默片刻，她发过来一段文字："×××（因该品牌未付"洒家"广告费，故不透露名字）是拥有自主知识产权的中国民族品牌，成功登陆欧盟 16 个国家和地区，在巴黎香榭丽舍大街亮相，并成功进军法国中高级百货，这在中国还是第一家。该品牌还将陆续登陆米兰时装周、德国 CPD 等多个国际性时尚盛会，在希腊、美国、俄罗斯、印尼、沙特阿拉伯等多个海外市场开设门店。"哇噎！看起来很强大，但无奈我就是不识庐山真面目。

我承认，对于国内品牌我所知不多，几乎是国内品牌盲，就只知道几家：马可的"例外"（她家的"无用"更妙，可惜没得卖），再就是森马、以纯、班尼路。女记者所言的这家品牌还我真不知道，不知道也不算丢人，丢人的是，我居然不知道"自主知识产权"在这里指的是"神马意西"。之所以对这个词敏感，是因为前两日去珠海，朋友招待我住一家酒店，该连锁酒店号称拥有"自主知识产权"，当时我就震撼了一下。"自主知识产权"怎么与酒店也联系起来了呢？

我赶快谷歌何谓"自主知识产权"——自主知识产权是指中国的公民（自然人）、法人或非法人单位经过其主导的研究开发或设计创作活动而形成的、依法拥有的能够独立自主实现某种技术知识资产的所有权。广义的自主知识产权的获得途径除了自主研制外，还包括获得许可购买他国或他人专利、专有技术、商标、软件等权利而拥有的专有权利。哦耶！我原本以为中国品牌不再抄袭与模仿国外的大牌了，所以扬眉吐气地大喝一声："我可是拥有自主知识产权！"但现在整明白了，如果不是自己研制而是花大把银子买来的，也可以称为"自主知识产权"。

买一套昂贵的时装或一件奢侈品，难道我要的是它的"自主知识产权"？No，No，No！我要的是它的文化。我就不明白了，为何一家自称很强大的品牌，宣扬的不是文化，而是要与自主知识产权扯在一起。奢侈品何以成为奢侈品，因为它一流的做工、限量、定价,更因为它后面的文化传统:Chanel 对女装的革新,Dior 的"New Look",保罗·史密斯(Paul Smith)的雅皮精神……我们要的是这些文化内涵,而不是知识产权。但也可以理解,当"中国制造"变得质劣廉价的时候,当"中国设计"变成抄袭的时候,总有品牌要声明自己有自主知识产权的,虽然它仍然离时尚还有那么一段遥远的距离。

回应开头的小事,话说我去香港,只是为了买一条 Hermès 的丝巾给女友做生日礼物。上一年生日,我送给她的是一条银灰色的丝巾,一匹从空无中显现的马;今年送给她的丝巾名为"阿帕切的宇宙起源"。我之所以只选 Hermès 的丝巾,因为它除了纯手工印制之外,还在文化上符合了我与女友对神秘的喜爱。

悖论风格的酒店

享乐主义从来对应的大抵是饮食，凡谈到享乐行为，大多与吃喝联系在一起，而非居住。但于一个在意身体本身而非仅仅是身体局部之味蕾者而言，酒店至关重要。在家居之外，酒店构成肉身的远方与想象，出行之前挑选酒店是品位的症候，更是对将要颠簸的肉身的安慰。

对肉身作为第一要义的享乐主义者而言，中国也许是一个流放地，因为并没有适合他病态般要求的酒店。五星级酒店是不能考虑的，那流水线生产出来的酒店毫无特色可言。而超五星级的酒店与度假村呢？虽然整体还过关但细节上却并不及格：安缦法云过往客人太多，私密性不够；悦榕庄开得太多，特色不够；十字水生态度假村不提供茶具；菩提宾舍的香客太多；瑜舍没有太好的外部环境；九寨天堂客房太多；上海华尔道夫名流太碍眼……那么哪里才有一间合适的酒店以安放沉重的肉身？

米歇尔·昂弗莱说："享乐主义的唯物主义要旨是，只存在肉体，而肉体完全是物质的，是原子构成的东西，是已知元素构成的组织。"既然如此，享乐主义者在意于身体对温度、触觉、轻重、软硬等方面的感知，并且不由思想所控制。一个好酒店，必然要在这些顾及身体的基础上做到让思维对身体有感觉又没有感觉，有感觉是感觉到酒店的到位，无感觉是因为到位而没有不适感以至于忽略了酒店设施。一个完美的酒店，也许正是具备这样悖论风格的酒店。

既然肉身是思想的起点，在满足肉体悖论的要求之后，酒店应该满足思想的要求，思想的要求可能指的是酒店风格、审美以及外部环境。一家满意的酒店除了在建筑与房间用品上无微不至地宠爱肉体之外，还应该有极高的艺术风格，有一流的外部环境。但当脆弱的肉身在头等舱中千里迢迢抵达这些酒店时，对酒店的要求是否更为敏感？作为反享乐主义者，可能更愿意看到每一家酒店的亮点，每一片乌云都镶有银边。

所谓消费时代即是对肉身过于关注的时代，被宠坏的肉身对世界无比敏感，肉体退化成对应于软硬、光线、温度等作出无限敏感反应的被剥掉壳的蜗牛。找一间可以安放春天的肉身的酒店，就如同被剥掉硬壳的蜗牛寻找一个大小轻重温度正适合的蜗牛壳，并且那壳还要在青山碧海处，坐落在尘世间的小天堂。

年年岁岁 表相似

一年一度的巴塞尔钟表珠宝展（Basel World）又如期上演，这个曾因为与"日内瓦高级钟表国际沙龙"斗气而出现的展览，现在风头已超过了后者。每年巴塞尔钟表珠宝展都会有约 2000 家的品牌商家参展，2012 年更是高达 1900 家。

巴塞尔是位于瑞士西北的小城，每年 3 月的国际表展会吸引大约 10 万名的参观者，更有 3000 名以上的国际媒体人员齐聚于此，他们其中有些是表商出资邀请，有些是媒体自己埋单过去，不过表商邀请的越来越少了。每年此时，这个只有 16 万常住人口的小城立时虚胖起来，买家、经销商、媒体人士、打酱油的都一窝蜂拥到巴塞尔这个小城中来。

从表面上看，一爱表人士去钟表展长长见识过过眼瘾也好。但从本质而言，去不去没什么区别，反正每年都是那些路数。

今年的巴塞尔钟表珠宝展最热门的仍然是陀飞轮,中国人最喜欢陀飞轮,那玩意儿转起来多炫,多显摆。陀飞轮其实并不能真的让手表走得更准,所谓的抵消地心引力只是个神话。夸张的是,有些表款搞了三四个陀飞轮,每一个皆以不同的速度旋转,其中两个相互嵌套,双轴陀飞轮配备两个同心旋转框架,外框以每120秒转动一圈的速度,以驱动内框中的摆轮、游丝及擒纵装置,使陀飞轮转动一圈只需要40秒。这种贪多的思维与中国人在暴发户时期打两根领带的行为差不多。

借刀杀人也是表商们喜欢的抢眼球的一记"绝杀",今年百年灵(Breitling)就使了这一招,宾利(Bentley)最近推出欧陆GT V8跑车,Breitling随即为Bentley跑车设计了手表Bentley GMT V8,并连同Chronomat 44 GMT在本届巴塞尔钟表珠宝展登场。Bentley GMT V8有独家的30秒计时系统,计时精度达到1/8秒,号称"甚有跑车引擎特质"。

时装品牌也来钟表展混场子,香奈尔(Chanel)早先就预热了"Première Flying Tourbillon"。表盘上是一朵茶花,花的主题融入表针的走动,表盘侧面的设计灵感来源于香奈尔5号香水瓶塞,该表是香奈儿和爱彼(Audemars Piguet)之间的一次合作。爱马仕(Hermès)也来凑热闹,它家经典的Cape Cod系列以著名的"锚链"为灵感,但放在巴塞尔钟表珠宝展上实在显得太山寨了。时装品牌的表大都表现得有些山寨,只不过这是个赢家通吃的时代,所以财大气粗的时装品牌敢于在表上说话。

　　然后……珠宝表没什么好说的了,伯爵、肖邦、芝柏这些是来卖钻石宝石的,以手表的名义。每年的表比去年都有所更新,但仍然是那些牌子那些风格那些功能。在经济不太景气的当今,看看表,可以安慰人心,买买表,可以保值增值,所以大家都去了巴塞尔!

　　最后要唠叨的是,巴塞尔钟表珠宝展的主办方是瑞士巴塞尔展览公司(MCH),展览的规模很大,但其管理团队却只有12人,这让中国的所有展览会情何以堪啊!

看厌了如今的 T 台秀，因为时装设计师们早已黔驴技穷，动不动就"复古"，可是他们能"复"到什么时代？维多利亚时代？伊丽莎白时代？别逗了，设计师们数学都不好，数字都数不过一百，所以最多复到 20 世纪 40 年代，已算是最"古"的了。经常性地只是复到 70 年代或 80 年代，90 年代嘛，毕竟近了一点，他们不好意思。如果真要复到 90 年代，那可真算江郎才尽了。

看他们复古，不如自己直接就"古着"了。

古着，日文称ふるぎ，英文 vintage，此词由日本流行而来，指在二手市场淘来的顶级服装品牌的经典款式。英文 vintage 很有意思，这个词原本来自葡萄酒行业，用来鉴定酒的年份与质量指标，因为葡萄酒极讲质量与年份，而时装也讲做工与不同时期的风格，所以 vintage 移用到了二手时装上，尤其是 1920—1980 年的时装。

**不如直接就
"古着"了**

在一干当红明星中,英国名模凯特·摩丝(Kate Moss)是最早的古着倡导者之一。而那些很有名但实际才华有限的大牌设计师,也都喜欢去全球有名的古着店 Resurrection Vintage 寻找灵感。

要买古着,你当然应该去巴黎,那里有全世界最有名的古着店Didier Ludot,这家店开了三十多年,店主私人收藏的古着多达三四千件,还经常搞一些古着的专题展览。巴黎有名的古着店还有Gabrielle Geppert 和 Neila Vintage&Dessign 等。但在中国很难买到古着,就连上海也没有,上海最多的是二手包店,其实那些包还嫩着,离"古"差得远呢。

如果你有祖母时代传下来的古着,要怎么穿? 混搭,记得一定要混搭,要不你想想看,浑身上下全是古着,别人还以为你是从另一个年代乘时光飞行器穿过虫洞来的呢,效果不会是古着,而是灰头土脸陈芝麻烂谷子。正确的穿法是,如果你穿的是新的牛仔裤,可以上身搭一件古着彩色毛衣;如果一身新衣,搭一个古着的包也不错;你甚至还可以在旧衣服上修改一下,加入一些流行的元素。总之你要让古着成为点睛之笔,而不是那条被点睛的龙。

你也许会想古着虽然是潮流,但毕竟是旧衣服,穿起来不体面。乖乖,千万不要这样认为,你要如此想——经济危机嘛,古着可比新衣服省了不少钱,且都是大牌;新衣服不环保,古着是旧物利用,无害于环保。现在人人都是环保控,你古着一下,可谓搭上了双重时尚,不亦乐乎!

不知所踪的旅程

当历史进入 20 世纪后半叶之后，整个人类的文化发生了巨大的改变：从现代主义大范围地"崩溃"到了后现代主义，后现代主义进而影响了文学、艺术、音乐、建筑等领域，在所有人类艺术出现的地方都可以找到后现代主义的蛛丝马迹。在这种文化背景之下，服装也逃不了后现代的"卡桑德拉咒语"。

在时装界，所有创造了传统风格的经典大师们都留在了 20 世纪，并且都在前期与中期就已达到他们的顶峰，完成了他们的使命，保罗·波烈是这样，香奈尔是这样，纪梵希是这样，皮尔·卡丹也是这样……服装总是处在时代的背景中、文化的范畴中，当世界文化进入后现代之后，优雅的经典文化已成明日黄花，优雅的服装传统也黯然魂销。既然缓慢的优雅时代已落幕，服装也就告别了一个经典时代，步入另一个陌生的平民化时代。在世界文化史上，

1968 年的"五月风暴"是一件划时代的大事,它让全球文化话语权从贵族手中转移到资产阶级手中。在此之后,文化语境发生巨大改变:平民化急剧发生,后现代艺术大面积地升起,服装作为艺术与商业之间的嫁接,首先发生了"裂变"。时装,朝着后现代主义的未知迷雾一路狂飙而去,进入一团雾般的旅程……

众多设计大师构成一幅后现代服装艺术史的"涂鸦",你已经无法找出一条清晰的线索去串联他们,他们将"时间的继承"变成了"空间的狂欢"。在这几十年的"狂欢"里,服装与艺术的界限被打破,艺术与生活的边界被取消,再没有经典可言,剩下的只有无穷无尽的"话题"与商业投机——这完全符合后现代艺术的场景。后现代主义没有什么可以坚持的价值,没有什么固定不变的方法论,一切都是一次性、消费性、复制性。虽然这些大师们用一次次的时装秀激起我们审美与消费的冲动,但在超高速的时尚元素更迭间,我们还是感觉到了淡淡的疲倦与麻木。艺术转瞬即逝,只有消费之树常青……

薇薇恩·韦斯特伍德的拉拉扯扯

在服装品牌中,可能再没有像薇薇恩·韦斯特伍德(Vivienne Westwood)那样依赖于设计师个人力量的了。当朋克已留在 20 世纪 70 年代的历史记忆中时,因为薇薇恩·韦斯特伍德个人的魅力与力量,到了新的世纪这个品牌仍然保持着它的朋克风格,仍然高价卖出它的服装,甚至每一次时装秀都是时装界的重大新闻。

　　而对于时装史来说,薇薇恩·韦斯特伍德是第一个在时装中引入朋克风格、将高贵的时装从殿堂拉扯到街头的设计师。她的出现,标志着"五月风暴"的成功——在文化上资产阶级的品位战胜了贵族的品位,从此时装再没有一个固定的"标准"。

　　1970年,薇薇恩·韦斯特伍德向母亲借了100英镑和麦克拉伦开始创业,他们在伦敦的英王道430号开店,学生运动才过去,一股强劲的嬉皮风潮席卷了20世纪70年代初的欧美大陆,这成为他们生意的背景。不久,她的第一套服装系列出现在世人面前,这是受到西方都市青年反叛精神的启发而设计成的。在造反有理的年代里,她的设计摆脱了传统的服饰特点,用几乎是粗暴的方式将各种不可想象的材料和方式进行组合。恰恰正是这种怪诞、荒谬的形式,让西方颓废青年们看到了自己的"梦想行头"。

　　1971年他们的店名改为"摇摆吧";1972年,可怜的店名再次被改为"Too Fast To Live,Too Young To Die"(太快以至于不能生存,太年轻以至于不能死亡)。这个名字过于冗长与搞怪的店出售拉链和锁链连着的迷你裙、布满窟窿的衣服。1974年,店名又改为"SEX",货品是SM味十足的捆绑玩具(Bondage Wear)、橡皮衣(Rubber Wear)及撕烂设计的T-Shirt,其中蒙眼英女皇"God Save the Queen"的T-shirt最为经典,可谓是"大胆露骨"、"色情尽现"。70年代末,店名改为"World End"(世界末日),店铺外墙逆方向时钟成为吸引顾客的焦点。

　　这间店之所以成为世界上出名的时装店,不为别的,就因为它与优雅的法国时装店大唱反调。店里的一切都荒诞无稽：七歪八扭的楼梯，逆向行走的时钟，稀奇古怪的服饰。很快，"世界末日"成为伦敦英王道上现代青年们的"圣地"。

时尚界这样认为："如世上从没有薇薇恩·韦斯特伍德，那么英伦狂野气质和朋克文化能否杀进高级时装界？似乎不大可能。薇薇恩·韦斯特伍德是第一位敢把朋克、街头文化和色情元素融入时装的设计师，冲击了保守的时装风尚。如世上从没有薇薇恩·韦斯特伍德，今天的时装肯定只有沉闷守旧的气象。"

薇薇恩·韦斯特伍德居然从未受过一点点正规服装剪裁的教育，甚至连自学成材也算不上。她坦言："我对剪裁毫无兴趣，只喜欢将穿上身的衣服拉拉扯扯。"所以她根本不用传统的胚布剪裁，而是用剪开的、以别针固定住的布进行设计。

"如果你穿得够震撼，就能更好地生活！"她说。

三宅一生的褶皱

日本服装大师三宅一生开创了服装设计上的解构主义设计风格。他借鉴了东方的制衣技术，以及包裹缠绕的立体裁剪技术，在结构上任意地挥洒着，信马由缰般地释放出无拘无束的创造激情，让观者为之瞠目惊叹。掰开、揉碎，再组合……在形成惊人奇突构造的同时，又具有宽泛、雍容的气度。从美学方面而言，这是一种基于东方技术的创新模式，表现出日本式的关于自然和人生交流的哲学。

我们听听三宅一生自己对时装的解释呢，他如是说："我试图创造出一种既不是东方风格也不是西方风格的服饰。"

后现代主义有一个特点：特别着迷于细节。而解构美学则将整体拆散为一个个的局部、细节。作为后现代美学的实践者，三宅一生也着迷于细节，如果提到三宅一生，熟悉时尚的人士就会联想到一个词——褶皱。

从 1989 年三宅一生有褶皱的衣服正式推出起，三宅一生的名字和褶皱就连在了一起。三宅一生的褶皱方案是永久性的，在整理阶段就以高科技的处理手段完成褶皱的形状，以保不会变形。"褶皱"平放的时候，是一件雕塑品，会呈现出立体图案；穿在身上时又符合身体曲线和运动韵律，是一件会动的艺术品。这种与西方美学及成衣传统截然相反的东方神秘主义，差点没把时装界弄疯！

川久保玲大战山本耀司

香港曾有一首流行歌曲《川久保玲大战山本耀司》，而这首歌影射的正是这两位日本设计师的恋爱，没有人能证实这段恋情的真伪。

1981 年，他们在巴黎举行了一次备受争议的时装发布会，据《卫报》的时装编辑 Brenda Polan 回忆："在那之前巴黎从没有过那种黑色、奔放、宽松的服装，它们引起了关于传统美、优雅和性别的争论。"当时两人的作品以黑色为基调，刻意去表现不均衡的设计，在川久保玲的设计中,整件衣服的左右、前后、表里,都被颠三倒四地设计过,甚至还模糊不清。她表现大胆,敢于创新,《费加罗》服装杂志曾用"原子弹爆炸之后的残留物"来形容她的作品。发布会上,他们那些大的、黑的、方的服装,让媒体认为这是预示灾难的服装。他们甚至打破了时装表演的一贯模式——用一曲狩猎哀歌取代流行音乐,用古怪的化妆和不整洁的头发将模特丑化。

川久保玲与山本耀司一起努力多年,在国际服装界掀起了一场"黑色革命",使原来仅限于晨礼服和燕尾服的黑色成为流行。川久保玲展示的服装,就像是纳粹集中营的囚犯们穿的无体型的宽松服,略作修改就组装上舞台,因而常常激怒公众。也正因如此,不是所有人都能接受他们的服装,《流行阴谋》一书的作者尼可拉斯·柯瑞每提到她,总是忍不住要嘲讽一下。

从美学上来说,川久保玲的服装是建筑或雕刻式的,它们不流于表面,更集中在结构中着力,她的这种风格拒绝服从轮廓和曲线造型,而是创造出一种戏剧化的全新风格:从上到下的口袋;夸张的肩部和超长的袖子;毛线衫上的洞幻化在晚装上成为胸衣的裂口;拆装、翻面或重新拼凑过的夹克;将羊毛开衫翻过来,配上粗犷的肉色编织玫瑰;日本式的典雅沉静结合立体几何的不对称重叠;利落的线条融合沉郁的色调——她的每一件服装都体现着另类的设计理念,即反时尚的服装哲学。

马丁·马杰拉的"恶搞"

最能体现后现代主义对服装影响的,是马丁·马杰拉。

基本上没有顾客或时尚人士见过马丁·马杰拉的庐山真面目。他从来不在时装发布现场露面,拒绝接受面对面的采访,照片也不出现在媒体上,虽然"天下谁人不识君",但他一直是"千呼万唤不出来"。

但可以确定的是,他代表性的 Collection Artisanal 女装系列在 1989 年诞生,由最初到今天都是手工缝合而成,所以每件产品都有其独特性。马丁·马杰拉从来以解构及重组衣服的技术而闻名,所以被称为"解构鬼才"。他锐利的目光能看穿衣服的构造及布料的特性,如把长袍解构并改造成短外套、以大量抓破了的旧袜子做成一件毛衣。

马丁·马杰拉的服装是从"旧"中体现出的一种"不完美的完美",即便是那些批量生产的成衣,面料也要经过"做旧"的处理。零售空间也如出一辙,无论是在流行女装商店还是在大百货专柜,都散发出一股陈旧、不施精作的气息,与周围其他品牌光鲜的门店形成诡异的对比。粉刷得不干不净的墙壁,呈现出脏兮兮的白色,处处激发起怀乡的旧情。据说马丁·马杰拉本人的日常工作之一便是埋首二手服装市场。

马丁·马杰拉将时装玩透,玩出了服装界的范畴,将服装的实用性消解,引入即兴式的恶作剧、恶搞,像一个时装艺术中的败家子。他旨在拓宽服装的边疆与观念,这是他的先锋贡献。但时尚评论界并不完全赞同他的创新,评论界认为,只要抓住"恶搞"或"消解"的关键观念,就可以读懂他所有的作品,这样一来,他的全部作品就显得很单薄、很乏味。

本哈德·威荷姆的杂糅

这位鬼马精灵的设计师的 2008 春夏系列服装秀,用真人模特儿饰演动弹不得的人体模型,再加上木箱、光管、废弃物料等装置品配合整场秀展示。对本哈德·威荷姆来说,这已不是他第一次玩游戏了,在不同的秀场,他可以动动脑子营造出前所未有的新奇氛围。在这次新系列中,他寓意世界大同——不同肤色的模特脸部全都扫上白粉末,穿着各种色彩的衣服,除格子、条纹之外,剪裁都一色的轻松与别致,而实用性却很高。

如果再深究本哈德·威荷姆十多年来的创作,可以这样来说他:通过对"丑陋"毫无掩饰的自由表达,完成其对理想身体的构建。在其艺术的语境中,他汲取了后现代艺术的灵感,不论是戏谑、反讽,还是拼贴、错杂,都是后现代美学的元素,与同为比利时出来的"安特卫普六君子"相比,虽然都是后现代主义服装,但本哈德·威荷姆在后现代的艺术范畴里,更强调了童趣与鬼马。

本哈德·威荷姆的出现也与服装界后现代性的疲软有关系。1998 年他从安特卫普皇家艺术学院毕业时,服装界正处于最沉闷的阶段,没有人在马丁·马杰拉之后来一些胡闹乱涂,这时他出现了,他对时装的批判开始了。他说:"带点解构风格的衣服,仍旧是商业时装而已。"而他的想法是:"90年代,用我自己的话来说崇尚直线审美。我希望在未来的若干年里,可以带来更立体的审美。"

在后现代艺术的场景中,服装设计师们的人格也"后现代化"了,如果说现代与前现代服装大师们通过创作去完善自己的人格,让作品与人格都发出灿烂的光芒;那后现代的设计师们则通过创作的方式去"消费"自己的人格与才华——生活越来越不知所措、设计越来越不知所云。后现代艺术的一个重要方法是解构,后现代设计师们的人格也在解构,变异给你看、堕落给你看、毁灭给你看……

现如今更是将本来无价值的东西玩笑似地毁掉,只为了一点点掌声和掌声后面的购买力。这就是后现代语境中的当代服装艺术!

流行趋势不可能的预言

每到年底，几乎所有时尚媒体都会做来年时装的流行趋势预测，因为人总是好奇的动物，总想知道未来是什么模样。看清未来的水晶球是不存在的，预言的重担也就落在了时尚媒体与时尚评论家们的肩上。

但是，流行趋势的预测有几成可信度？

要预测流行趋势，先要知道流行的策源地何在？一般而言，在巴黎会有一些时尚咨询机构从事潮流预测发布的工作，比如 Nelly Rodi。这家公司是一家时尚咨询公司，总部在巴黎，在世界各地设有分部，客户来自时装界、纺织界、美容界、室内设计业等，每年卖潮流手册，手册内容包括：色彩趋势、面料趋势、印花趋势、休闲女装趋势、休闲男装趋势、内衣趋势、美容以及生活方式与装饰艺术趋势。手册上预测到的流行趋势对下一季的时尚界起着决定性影响。这样的手册卖的也很贵，要近 1400 欧元一册，许多大牌会参考这家公司发布的预测。

这些预测的依据是什么呢？公司有潮流跟踪师，他们出没于世界各地，了解各地的社会现象，寻找与观察新的、年轻的群体印记，记下尚未成型的某种趋势，然后传回巴黎。这就很好玩了，从街头观看，寻找潜在的趋势，然后汇总成明晰的趋势资讯，等于从走在街头的你的身上去预测来年的趋势，你想知道未来的趋势吗？请看看自己与你身边的人潮就行了。

时尚趋势并不是一个上帝发布然后凡人实践的领域，在网络发达的当下，许多网络时尚资讯的存在将水搅得更浑，如果只有一家预测机构，那就是真理，但太多的预测机构同时存在，那么，发布的真理就叫意见。

时尚媒体的预测大多依据 T 台秀，但要知道，T 台秀出的作品与台下销售的产品不是同一回事，时尚买手们决定购买衣服的不是发布秀而是品牌内部的看货会，所以 T 台与店面中的销售是两码事，这就是为何你在现实生活中很少看见时装杂志所预测的那些趋势。时尚人士们所挑选的 T 台，也不会是普通品牌的 T 台，而是顶级大牌的 T 台，而顶级大牌只对极少数的人开放，它们不能代表未来的流行趋势。

在资讯极其发达的今天，时尚不再是依照"滴流理论"——从上至下，更多依照的是"渗透理论"——从街头渗入时尚界。再说了，大牌的风格几乎都是不变的，每年差不多都是那样子——同一

个设计师的风格,品牌传统的沿袭,谈何流行?相反倒是 ZARA、
H&M、TOP SHOP 等品牌的商品,倒有可能会预示着未来的时装
走向,但仅仅是也许。

　　作为一个时装评论者,我从来拒绝回答将来时装流行趋势的
问题,因为在多年的时装生活中,我发现媒体预测过的趋势从来就
不曾准确过。我们身处一个快速反应的资讯爆炸的时代,而不是
以前那种资讯贫乏的年代,预言家与巫师在后工业时代早就消
失了。

　　潮流预测只是美丽的谎言。

文化决定生理感受

友人将某廉价品牌的标签挪到一件 Hermès 衣服上并送与女友,女友鄙夷不止,几日后回复说,穿上这件衣服如坐针毡,感觉浑身都不舒服。友人大笑,告诉她这是正品的 Hermès,并将原 Hermès 标签奉上,女友仍心有不甘,特去 Hermès 专卖店一再确认该款是否为正品。

朋友女友说:"同样一件衣服,你说它是奢侈品牌我就觉得心里喜欢,感觉身体受到了安慰,你说它是二线品牌,我就觉得不能忍受。虽然同样是这件衣服,但我觉得奢侈品牌是有文化的,而其他品牌没有,这就是文化决定生理感受。"

可在这里有两个奇怪的问题:一,奢侈品一定具有文化的意味吗?二,某些有文化的东西并不是奢侈品,为什么不能产生和奢侈品同等的感受?

　　关于奢侈品与名牌的区别，我们先从定义入手，只有当某些商品成为名牌一段时间、有了沉淀之后才能被称之为奢侈品，这个沉淀就是文化。一般来讲，当名牌人人皆知，并且在很长一段时间内达到一种稳定的被认可的状态，就会成为奢侈品。奢侈品强调时间性，因为经得起时间考验的东西意味着品质，同时也意味着对历史的传承和坚持。波尔多红酒的宣传里，总是强调起源于 18 世纪或者更早的年份，而早期作为奢侈品的 Hermès，则体现了一种对旅行文化的向往。奢侈品总是体现了一种来自上世纪或上上世纪的生活方式，而且这种方式在现在都市日益扁平化的状态下弥显珍贵。虽然如今奢侈品所宣扬的生活方式与创立之初的环境已大有不同，但这种生活方式却因为时间而得到了某种提炼，这种提炼就是一种文化，它体现了我们对远去时代的怀念。

　　虽然奢侈品具有文化的意味，但它并不是文化本身，奢侈品与文化的关系，就像教会与上帝的关系。教会是上帝在俗世里的对应物，而奢侈品则是文化的物质代理。我们喜欢奢侈品并不是因为它是文化，而是从它身上，我们看到了接近文化的可能，而当代的奢侈品也尽可能地扮演着文化的角色，如此频繁地与电影、绘画、音乐、诗歌等各个文化领域联姻，以至于让我们以为，奢侈品就是联结各项艺术的纽带，而当代艺术对奢侈品的投怀送抱，更让奢侈品有了浓妆艳抹的文化外衣。奢侈品多年的积累就是这个坚固的外壳，而它们游走在各项艺术之间的一切努力就是为了让这件外衣更加坚固。是不是可以这么说，艺术在为奢侈品化妆，艺术是涂在奢侈品上的脂粉,商品才是奢侈品的第一特性。

尽管如此,奢侈品仍然拥有一个让其他文化产品羡慕不已的特质,那就是它的稀缺,这也是造成它价格高昂的原因,也是为什么不是所有的文化产品都是奢侈品的原因。造成奢侈品稀缺的原因,一是奢侈品对手工的坚持,例如萨维尔街的定制服装;二是它的限量版发行。至于 LV 那满世界都看得见的包包,则标志着 LV 正从奢侈品向普通日常用品的下滑。

其实应该这么说,坚持稀缺才是奢侈品的文化核心。如果非要说奢侈品代表了文化的话,那我们是否要换一种说法——稀缺决定生理感受?

时尚与艺术这对邻居

4 月中旬，Burberry 在北京举行盛大的现场直播活动，向全球推广英国音乐、数字技术与时尚，该活动通过 Burberry 官方网站以及合作网站进行全球现场直播，并通过"Burberry 零售剧院"系统向 Burberry 全球五十多家零售店进行转播。

Burberry 并不是一个大方的时装品牌，它很少举行类似的艺术类活动，也不喜欢赞助。喜欢往艺术方面投资的是 Chanel、Prada、马爹利（Martell）、万宝龙（Montblanc）等，Chanel 有流动艺术展，Prada 有艺术基金会，Martell 有"年度非凡艺术人物"、Montblanc 有"国际艺术赞助大奖"，Burberry 可什么也没有。

品牌想要与艺术搭界一般通过几种方式进行——赞助艺术、品牌产品即是艺术品、举行艺术性很强的发布秀。Chanel、Prada、Martell、Montblanc 是通过赞助艺术的方式与艺术扯上关系，借艺术活动塑造它们的形象,这是一种"顺势巫术"——艺术的力量通过赞助与冠名传递给了时尚。举行艺术性很强的发布秀,是亚历山大·麦昆(Alexander McQueen)、让·保罗·高提耶(Jean Paul Gaultier)、马克·雅可布(Marc Jacobs)等的拿手好戏(随便广告一下,这方面知识可参考笔者的著作《世界顶级服装设计师TOP20》)。但这类喜欢在 T 台上玩艺术的品牌,其店铺中的衣服却中规中矩毫无艺术性可言,反差最大的当是梅森马丁·马杰拉(Mason Martin Margiela),其成衣难以让你联想到 T 台上它的后现代艺术性。

最值得关注的是,"品牌产品即是艺术品"这一链接,事实上关于时装的艺术性与商品性,时尚界一直争执不下。现代时装的开创大师之一保罗·波列(Paul Poiret)在 1913 年断然说:"我是一个艺术家,不是一个裁缝。"他第一个给设计作品加上"马扎尔"、"拜占庭"之类的标题,而此前的行规是使用数字。但香奈儿则认为他不过是个做衣服的罢了,谈何艺术。而著名的时装评论家、《国际先驱论坛报》的时尚评论员苏熙·曼奇斯(Suzy Menkes)则折中道:"真正的时尚必须是功能性的,因此只能被划归应用艺术或手工艺一类。如果服装不能穿,它就不是时尚,但它可能是艺术。"

艺术与时尚的关系是如此纠结,20 世纪 60 年代艺术对时尚青睐有加;70 年代艺术却敌视时尚,认为它揭示了资本主义的肮脏;80 年代两者又亲善起来;90 年代时尚入侵艺术;21 世纪头十年,时尚则堂而皇之进入艺术馆办展。所以《时尚的哲学》一书的作者拉斯·史文德森说:"在 20 世纪艺术和时尚已经成为两个邻居,两者有时互相拍肩问好,有时又彼此不容……时尚与艺术互相接近的方式,使得在两者之间作出明确的分辨变得非常困难。"纵观近十年来,时尚从外部包围艺术的幅度在加大,但时尚本身的艺术性却在减少,再也看不到梅森马丁·马杰拉(Mason Martin Margiela)、川久保玲那样的时装艺术家,崛起的是 ZARA、H&M 这样毫无创新精神却受众最大的高阶"麦时尚"。

所以拉斯·史文德森的判断可能是对的:"如果创新性是一个倾斜的水槽,那么如今的时尚正在沿着水槽向下走,而且不知道什么时候它才能重新向上,重新具有创新性。"我认为,这基本取决于时尚对艺术的再次深入。

有多少波希可以米亚

翻时尚杂志,最让人受不了的是每年夏天它们都要喋喋不休地说"波希米亚风大热",如果哪一家时尚杂志没做这个选题,原因一定是主编不懂得什么叫"波希米亚",或者编辑们不专业。正常情况下,一本夏季不推波希米亚风的时尚杂志简直不配送到报刊亭。

什么叫大热?37 度?42 度?再热就烧坏脑子了。

什么叫波希米亚?为何每年总要"大热"一次?拉斯·史文德森在《时尚的哲学》一书中就指出过:"时尚可以从过去的时尚中循环、组合后被无限地创造出来。时尚变得更加自我指涉,它从过去的时尚中萌生出来……"这是一种时尚的"自我指涉"、"年度循环"。但理论上来说"流行波希米亚风"是不成立的,因为波希米亚风格是一种对时尚潮流拒绝之后的稳定风格。

波希米亚这个名称最早来源于"Boii"，乃公元 1 世纪当地的凯尔特人部落的名称，日耳曼人占领此地后名字留了下来。5 世纪从东部迁来的斯拉夫人建起波希米亚王国。15 世纪，各地流浪的吉普赛人突然喜欢上了这里，都迁移到波希米亚，于是许多文学作品里都模糊地认为波希米亚人就是吉普赛人。

再后来波希米亚人变成了特指生活在城市中的穷艺术家，在工业革命之后，他们在"城中村"生活，抵制资本主义的游戏规则，非理性地过日子、创作、酗酒、滥情、流浪、愤世嫉俗。城市中的波希米亚女人反对流行的大众时尚，坚持以怪异的着装对抗着潮流。在定居的城市之外，各地游走的波希米亚人也并不是时尚的创造者或追随者，而是消费不起时尚的另类。在她们的衣服中，多褶大摆裙是斯拉夫的特点，各种闪亮的碎片、首饰则是在西亚添加上去的，流苏和坠饰源于波斯、摩洛哥。所以波希米亚风格不可能是简约派，因为无法去追求上好质地的衣服然后小心翼翼地穿着，再一点一点地添置和补充，于是形成了繁复的风格。波希米亚人也不可能衣着光鲜，那些鲜艳的衣裙很快就在流浪中变得黯淡破旧，所以波希米亚的美是一种在贫穷、时间与空间的变化中折腾出来的沧桑之美，是光鲜的时尚无法复制出来的。所以理论上来说"流行波希米亚风格"是不成立的。

但时尚都不讲理，今天你可以照样将自己打扮得"波希米亚"。如果你又不想去小店里淘那些质地低劣的波希米亚装，也可以买上一件安娜苏(Anna Sui)的裙子，再乱七八糟地挂上饰品，就很波希米亚了,有一点得承认,在一流设计师品牌中 Anna Sui 最具波希米亚风格。如果感觉这还不够酷,可以买一件川久保玲的长裙,然后将花花绿绿的饰品往上缀,绝对很"波希米亚"。反正,有多少时尚就有多少误会——时尚正是一种误会的艺术。反正,有多少波希就有多少米亚。

就算你穿得"波希米亚"出门,波希米亚也并没有大热,或者说它从来就没有热过或冷过,因为它的本质就是反时尚的。

| 当我们 谈论旗袍 | 前不久关于旗袍的风波,是中国人对旗袍复杂态度的一次"症候"发作。在所有服装中,再没有像旗袍这样让中国人心态复杂的衣 |

款了。一件旗袍,并不仅仅是一件衣服,它有着种种深层的文化与心态较量。而这种态度的较量,自 20 世纪初旗袍还未定型时就开始了。

旗袍变形记

旗袍本是满族妇女的着装,满族自称为"旗人",故将其着装称为"旗袍"。清代时妇女服饰是汉满并存——清初满族妇女以长袍为主,汉族妇女以上衣下裙为主;清中期汉满各有仿效;清代后期满族效仿汉族多一些,所谓"大半旗装改汉装,宫袍截作短衣裳",当然汉族也在仿效满族。

　　到了 20 世纪 20 年代,旗袍大致定型,从满族女装变为全国流行时装,但在基本定型的前提下也不断变化,如领子的高低、袖子的短长、开衩的高矮等。这种变化不单单是审美的变化,也是政治与文化变化的结果。

　　20 年代的旗袍宽大平直,与当时流行的倒大袖相呼应,旗袍的下摆比较大,整个袍身也是呈"倒大"的形状,但肩、胸乃至腰部呈合身之趋势。在一切向西方学习时,旗袍的局部被西化,在领、袖外采用西式的处理,如用荷叶领、西式翻领、荷叶袖等,甚至还出现了旗袍与西式外套的搭配。张爱玲在《更衣记》中说:"一九二一年,女人穿上了长袍。发源于满洲的旗装自从旗人入关之后一直与中土的服装并行着,各不相犯,旗下的妇女嫌她们的旗袍缺乏女性美,也想改穿较妩媚的袄裤,然而皇帝下诏,严厉禁止了。五族共和之后,全国妇女突然一致采用旗袍,倒不是为了效忠于清朝,提倡复辟运动,而是因为女子蓄意要模仿男子。在中国,自古以来女人的代名词是'三绺梳头,两截穿衣'。一截穿衣与两截穿衣有很细微的区别,似乎没有什么不公平之处,可是一九二〇年的女人很容易地就多了心。她们初受西方文化的熏陶,醉心于男女平权之说,可是四周的实际情形与理想相差太远了,羞愤之下,她们排斥女性化的一切,恨不得将女人的根性斩尽杀绝。因此初兴的旗袍是严冷方正的,具有清教徒的风格。"

　　1929 年之后因受欧美短裙的影响,原来长短适中的旗袍开始变短,下摆上缩至膝盖,袖口也变短变小。后来又出现了校服式旗袍,下摆缩至膝盖以上一寸,而袖子采用西式,但这一改变却遭到舆论的非议。1931 年后旗袍又开始变长,到 20 世纪 30 年代中期旗袍的长度发展到极点——袍底落地遮住双脚,被戏称为"扫地旗袍"。而原先能遮住手腕的袖子缩短至肘部,再后来袖长越来越短,缩至肩下两寸,到了 1936 年后几乎无袖了。在缩短袖子时,旗袍也悄悄地在左边开了低衩,后来衩越开越高,高及膝部,又高到大腿。社会舆论又说三道四,于是袍衩一度回到膝盖以下。但舆论压力一减小,袍衩又迅速升高,1933 年后流行大开衩旗袍。旗袍的长短或露藏,取决于当时人们对性与女性的纠结心态。

20 世纪 30 年代末出现"改良旗袍",旗袍在裁法和结构上更加西化,胸省和腰省的使用使旗袍更加合身,出现了肩缝和装袖,肩部和腋下也合体了,也有人使用垫肩,称为"美人肩"。而这些裁剪和结构上的改变都是在上海完成,以后的旗袍更加定型,只在长短、肥瘦及装饰上作些变化。

现在的旗袍即是以 20 世纪 30 年代旗袍为典范,而 20 世纪 30 年代的旗袍,则是以海派旗袍为楷模。这种对旗袍的态度,是中国努力西化与融入全球审美的动力,是女权的兴起,也是以汉文化为主导的审美对满族传统审美的颠覆,但这种颠覆毕竟不是彻底的,所以张爱玲在《更衣记》中说:"然而恪守中庸之道的中国女人在那雄赳赳的大衣底下穿着拂地的丝绒长袍,袍叉开到大腿上,露出同样质料的长裤子,裤脚上闪着银色花边。衣服的主人翁也是这样奇异的配搭,表面上无不激烈地唱高调,骨子里还是唯物主义者。近年来最重要的变化是衣袖的废除,(那似乎是极其艰难危险的工作,小心翼翼地,费了 20 年的工夫方才完全剪去)同时衣领矮了,袍身短了,装饰性质的镶滚也免了,改用盘花纽扣来代替,不久连纽扣也被捐弃了,改用嵌纽。"

旗袍归来落凡尘

旗袍在 20 世纪 80 年代后再次归来,但此时的旗袍已不复 40 年代之前的洋气。随着改革开放与社会的发展,西洋时装款型彻底取代了中国服饰,旗袍也就失落了,不再具有 20 世纪前半叶的辉煌与尴尬。本来是时尚的、洋气的、高档的旗袍,慢慢变成了酒楼、KTV 等场所迎宾小姐的制服。这种变化颇有意思,旗袍从最高的位置降了下去,也许这些娱乐消费场所本想以最高的服装级别来迎宾,但用料的低档、做工的粗糙以及开衩开到大腿根部的夸张,彻底地毁掉了旗袍。

旗袍的另一个"重灾区"是影视作品,在 20 世纪 80 年代以来的电影中尤为突出。所以在中国人的想象中,旗袍也与三四十年代招摇地坐在黄包车上穿过十里洋场的女人息息相关。

在中国服装史上,再难找出像旗袍这样短短一百年内不断被折腾的服装了,许多服装死了就死了,比如长袍马褂,但旗袍是欲死还活、欲活又死。这其中有中国人对西方文化与审美的态度的变化、有对异族态度的纠结,更有对社会阶层变化的在意。服装从来不仅是保暖蔽体的道具，更是社会变革、文化变化、心态斗争的集中反映与表现，这一点在旗袍身上，表现得尤其突出。

　　我们对旗袍的纠结，即是百年来失去与寻找文化和信心的纠结。

| 波斯
服装 | 人们看到的更多是自己愿意看到的东西,在看电影时也是这样。于一个时装评论者来说,看的不仅是电影大片,更重要的是看大片中的衣服。在《波斯 |

王子:时之刃》中我看见了什么? 答案是:华美的波斯服装。

　　服装设计师 Louise Frogley 为《波斯王子:时之刃》设计并提供了至少 7000 套的服装,这个数量超过了电影《加勒比海盗》。在拍摄过程中为了抵抗摩洛哥持续 100 华氏度的高温天气,摄制组在马拉喀什一所学校里搭建了许多巨型的带空调的帐篷,其中一个用来存放群众演员的衣服、假发和化妆品的帐篷就有足球场那么大。而很多一排一排的帐篷只是用来洗涤和烘干衣服。这部电影简直是以衣服为主角了。

　　要看懂《波斯王子:时之刃》中的华服,也许我们需要懂一点波斯服装的背景知识。波斯主要用来指南伊朗的一片地区,从前以

"Persis"和"Parsa"闻名,这两个词是公元前 1000 年左右移居这个地区的印欧游牧民族的名字。公元 651 年,穆斯林在短短 10 年内征服了波斯帝国并完全占有了波斯帝国的领土,这个新的伊斯兰王国被称做伊朗,从此波斯消失在历史的迷雾中。故波斯人的服装只有古代服装。

从目前可以找到的雕塑来看,会发现一些波斯服装的特点。公元前 6 世纪设拉子波斯波利斯宫殿遗址属国的浮雕上,身穿交领右衽服饰的三十属国君主双手向上托起波斯王王座,交领右衽为古代西亚游牧部落常见服饰,其简洁的无扣设计适合游动性的生活。同一时间地点的帝国武士群像中,身穿宽衣大袖的古波斯武士们手执长矛,肩背箭囊,肃穆而立,即使在战争中,波斯士兵仍旧穿着宽袖上阵。

总体而言波斯人的外衣大多是用毛布和皮革制作的。希罗多德记载道:"他们穿着皮革制的裤子,他们其他的衣服也都是皮革制作的。波斯人的外衣大都是分上、下装的。"其款式由高折领、对襟、三片襟衣所组成。波斯人喜欢白色,所以服装大都是白色,这种习俗对西亚产生了很大影响。波斯人的鞋子样式很独特,大多是由牛皮制作的软底鞋,腰很高,前面足额向上开口,开口处的牛皮上有鞋带眼。波斯人用麻绳、细牛皮条为系带,鞋子高度一般在小腿肚子的上端,鞋子颌面、腰侧、鞋沿都用金或铜进行装饰,装饰图案有动物纹饰、花纹、植物纹。波斯人留着齐项短发,通常不带头带或束发器一类的东西而戴头巾,男性的头巾大多为长条形,女性头巾一般是方形的,这个时期波斯女性并不蒙头巾。抽象一点而言,波斯服装最大特性是北方型的窄衣造型,衣襞确定了波斯服装在服装史的重要地位。波斯样式是集古代东方服饰文化之大成,把东西方服饰文化巧妙地融合在一起,表现在体积感的布料和亚述风格的纹样上。

有了这些关于波斯服装的知识,我们再去看《波斯王子:时之刃》,就可以欣赏到它的服饰之美。拍摄这部电影时,剧组在服装方面下了很大的工夫:影片中服装所使用的布料是由设计师从印度、泰国、意大利、法国、马来西亚、中国、英国、摩洛哥等国家采购。来自世界各地的服装管理员、现场服装师、工厂监工、染工、金属制品工人、制鞋工共同完成这些服装,他们中间有一个特殊部门很有意思——"做旧部门"。影片中很少会让演员穿崭新的服装,因此剧组往往要把服装先弄旧,以便让它们看上去更真实。新的皮制品做出来以后"做旧部门"就把它们和少量石头扔进一个类似混凝土搅拌机的工具里面,搅拌几个小时再把它们捞出来,这样看上去就很旧了。影片中阿尔弗雷德·莫利纳(饰西科·阿玛)穿的那双带补丁的靴子是用印度的床单布缝制的,通过用奶酪反复擦拭布料来达到那种破破烂烂、新旧不一的效果。

虽然在服装上花了不少力气与投资,但《波斯王子:时之刃》中的衣服并没有对时尚界形成影响,从 T 台到日常生活,都没有看到这部影片对服饰的影响。究其原因,大概如下——

首先,电影中服装是与现在相隔了一千多年的古波斯服装,它在款式上与今天现代都市服装没有必然关系。虽然时装界在不断"复古",但最"古"也就汲取到20世纪40年代的元素,不可能推远到古代。就像拿过奥斯卡最佳服装奖的《伊丽莎白》、《年轻的维多利亚女王》,因为它们服装的审美与现在关系不大,所以也不能影响今天的时尚。一般能影响当下时尚的电影服装不是复古型的而是未来型的,从《星球大战》到《阿凡达》,在一定时间段中都影响了流行风向,就因为它们是关于未来的片子,里面的服装有前瞻性。

其次,电影服装设计师与T台服装设计师大不相同。《波斯王子:时之刃》的服装设计师是Louise Frogley,Louise Frogley曾给众多大片设计过服装,如《十三罗汉》、《地域神探》、《007:量子危机》、《加勒比海盗》,等等,但是Louise Frogley极少被人关注,在时装界也没有什么影响。这是因为电影服装设计师面对的是导演与剧本的要求,要为特定场景去设计服装,那些服装往往与流行与否无关。而T台设计师针对的则是普通人的穿着和下一期的流行趋势,与生活更为密切相关。所以T台设计师哪怕在审美上、技术上比不上电影服装设计师,其影响力也远大于电影服装设计师。

但电影服装的存在却是非常重要的,它让电影故事显得更为真实,衬托出人物的性格与场景的寓意,并且让观众们获得那个电影时代的服装知识、服装审美。

就如《波斯王子:时之刃》,不仅是一个神奇的故事,也是一场不断变换"T台"的豪华"古波斯服装秀"。

T-shirt 的故事与新事

夏天最流行的服装款式是什么？恭喜你答对了，正是"T-shirt"。

没有人没穿过 T-shirt，但却不是每个穿过 T-shirt 的人都会清楚它的相关知识，在此，我不妨做一点普及。T-shirt 最早出现在古罗马时期，恺撒大帝曾经穿过一件，后来在庞贝遗址上被发现了。而现代 T-shirt 的真正历史还不到百年，T-shirt 一词问世是 20 世纪 20 年代，当时的韦伯词典第一次将它收录其中。

T-shirt 起初是内衣，翻领半开领衫，后来才发展到外衣，包括 T-shirt 汗衫和 T-shirt 衬衫两个系列。关于它名称的来历呢，一种说法是 17 世纪在美国马里兰州安纳波利斯卸茶叶的码头工人都穿这种短袖衣，人们把"Tea（茶）"缩写为"T"，便将这种衬衫称为 T-Shirt。第二种说法是在 17 世纪时英国水手在背心上加上短袖以遮蔽腋毛。第三种说法则是袖子与上身构成"T"字形。

干巴巴的知识不好玩,好吧,我们来谈点好玩的,比如 T-shirt 的用途。

T-shirt 的用途？废话,T-shirt 不是用来穿的吗？穿只是它的功能的一部分,它还可以用来做"告示牌"。没错！大规模流行风潮始发于 20 世纪 70 年代。1976 年,著名平面设计师 Milton Glaser 推出"I Love NY"标志性的 T-shirt,这一设计风靡整个纽约,并迅速被复制开去。从此 T-shirt 不再只是平民的时尚,也成为平面设计师"最新最干净的白纸",再从此我们在 T-shirt 上看到种种稀奇古怪的话语、照片、头相、设计……

一般而言,你只看到 T-shirt 作为艺术创作的"白纸"或广告,却没想过它的政治与社会功能吧？CAPCOM 在自己网站上销售"战国 BASARA"主题的 T-shirt,每件 1500 日元（约 118 元人民币）,每售出一件就会有 400 日元的收入捐赠到东日本大震灾的捐款箱中。这款衣服上印有一句很强的标语:"这个国家是很强的！We'll never give up!"也许,这就是服装之所以有"文化"而被称为"文化衫"的原因吧。

04

时尚美学
人人想穿花衣裳

时尚，

的本质是美

是经济、社会、历史集中之美的体现，在时尚中我们被美熏陶，也创造新的美学原则。 美是永恒的，但美又是善变的，每个时代的美总是有所区别。 在美的面纱之下，在美的本质之上，附加于时尚的层层世俗的目的总会脱落，唯有美自由自在，唯有美是不死之鸟。 在美学天空下，时尚的精魂永远在高高飞翔……

阿凡达
入侵

有天闲着没事,便与几个朋友开车去看 3D《阿凡达》。除了享受那声像的刺激外,我更主要的目的是去看电影的服装。《阿凡达》之火不用赘言,但没料到它会影响到时装界。历来多是时装审美影响电影,但这次却是电影影响了时装,看完电影回来,脑海中总是思考着电影与时装的联系。

亚历山大·麦昆(Alexander McQueen)2010春夏女装秀就是向《阿凡达》学习的结果——女模特们头上都"长了"犄角,那犄角们整齐划一,看起来像一群来自阿凡达世界的部落女在走秀。其中一个潜在的社会意义是,用更加形象而醒目的视觉效果来提醒人类保护环境与关注生态。

《阿凡达》的厉害之处在于,它不仅影响了时装界,还影响了彩妆界。电影中人物的皮肤纹理与罗达特(Rodarte)2010春夏时装周上的惊艳纹身如此类似,只不过《阿凡达》里人物身上的条纹是天生的,阳光而明亮;而 Rodarte 是画上去的,较为阴暗而哥特。

在色彩方面,《阿凡达》里大量的荧光色是这个季度的潮流色,其中荧光蓝是用到最多的色彩。电影人物的身体发着蓝光,整个荧光色成为主导色,犹如 20 世纪 80 年代的复古 disco 风格,而这也影响到了几乎所有的时装。

片中的超大配饰也是时装界所力挺的,虽然 T 台上没有那大到非正常的超级项链,但许多秀场上,也随时可见大配饰,尤其是 Lanvin 的配饰最为"阿凡达",既有羽毛装饰,又有超大而夸张的配饰。

"我看了《阿凡达》,真了不起。我脑袋里想的都是大自然、生态、热带,还有墨西哥。"2010 年春夏高级订制时装周上,让·保罗·高提那(Jean Paul Gaultier)在后台这样说。电影场景和时装的融合是他向来所擅长的绝技,他精湛的剪裁和做工在每一个细节之处都完美地体现出来。服装的珠片迷幻如丛林,模特们身着奇异编织服手持雪茄在 T 台上高视阔步的姿态充满了热带雨林的惬意。或者穿着皮革质短裙和充满太空时代感的雪纺上衣,搭配着异国风情的珠宝。当然,树叶做成的皮手袋和金属饰物也惹眼至极。

而瓦伦蒂诺(Valentino)呢?这个品牌的转变让我非常惊讶,它去年还是那样温吞,这次的发布秀却全力以赴地靠近了《阿凡达》,对荧光色调的偏爱从电影中的世界直抵 Valentino 的秀场。Valentino 的设计师非常坦诚地说,模特们肩部以及眼部蓝色的彩妆肤色完全是因为《阿凡达》的影响。Valentino 的女郎们未来主义的头饰是电影中野性原始头饰的改版;服装的细节方面,羽毛、串珠以及各种仿照植物而做出的肌理的原型也都在电影中闪现;那鲜艳的雪纺也让人不得不想起电影中的神鸟 Leonopteryx。

在别的品牌中,《阿凡达》也是"阴魂不散"——纪梵希(Givenchy)的紫蓝、碧绿,那是向电影中的雨林植物致敬;罗达特(Rodarte)则与巴黎世家(Balenciaga)一样,系列中都增强了部落的原始意味。

不仅《阿凡达》的流行元素席卷了时装界,它的 3D 风潮也入侵了时装界。2010 伦敦秋冬时装周上,英国大牌博柏利(Burberry)为时装界带来了一场另类的秀场视觉体验——通过采用 3D 技术,Burberry 2010 秀场同时在纽约、东京、巴黎、迪拜及洛杉矶 5 个城市直播。媒体这样评价,"Burberry 的这场突破性的 3D 时装秀可以说是时尚界的'阿凡达'"。以后大家都别去欧美看秀,直接守着3D 电影看秀就行了。但艺术真的可以转变为数字与影像吗? 也许大牌们有时会忘记,"高级"的一个原则就是拒绝高科技。Burberry 这数十年来的转变是比较年轻化、未来化,所以它乐意让高科技成为自己的一种手段。

更有趣的是,《阿凡达》的女主角佐伊·索尔达娜本身就是一个时装设计师,她曾参演过《幸福终点站》、《下流高校》、《男生女生黑白配》、《星舰迷航》等影片。出道十多年,在进行演艺事业的同时,她也拥有自己的时装品牌 Arasmaci,她说:"演戏只是我生活的一部分,它并不是全部。设计一些服装或者配饰也是我的一种事业。这种天赋完全来自于我拥有的多米尼加的文化背景,我喜欢那里的一些富有民族气息的装饰和花纹,我会把它们放到我的设计中。"她的这个品牌创立于 2006 年,"Arasmaci"由她的父亲、母亲、两个姐姐名字前两个英文字母组合而成。她自然经常要为自己的品牌担任模特,不过,她更喜欢穿男性化一些的衣服,她说:"我会经常穿男性化的衣服,因为这让我感觉到有力量,有时候我会想,我本应该生出来是个男人。"

受到《阿凡达》影响的 2010 巴黎高级定制时装周,当阿玛尼高定(Giorgio Armani Privé)、纪梵希(Givenchy)、华伦天奴(Valentino)、克里斯托弗·罗兰(Christopher Rolland)等在 T 台上继续辉煌时,曾备受瞩目的克里斯汀·拉克鲁瓦(Christian Lacroix)却因破产而离开了时装周。在这样的遗憾中,《阿凡达》元素在时装周上的大行其道,并不仅仅意味着设计师们的童趣或想象力,更说明高级定制不得不向普通流行低头,而它的背后,则是高级定制不可遏制的衰落。电影的大众化与高级定制的私人化,其间的反差,让人百感交集。"世界是平的",所有的高级与低级都会抹平?所有的艺术与商业都会搅成一团?交流的世界可以是平的,但艺术的世界,宁愿它们有所差别。

唯一值得安慰的是,时装与电影的关系一再说明——不是艺术模仿生活,而是生活一直在模仿着艺术。

奥斯卡最佳服装奖的拿奖专业户

2010年的奥斯卡最佳服装奖，毫无悬念地落到了 Sandy Powell 手中，她获奖的电影作品是《年轻的维多利亚》（*The Young Victoria*）。

这部电影略显冗长、沉闷，但作为宫廷戏，不可或缺的便是美丽昂贵的服装。在别的类型片中，如果服装太抢眼，便会成了狐狸的尾巴——局部大于整体；而在宫廷戏中，"再长的尾巴"也能"消化"掉，所以宫廷戏一直容易摘取奥斯卡最佳服装奖，诸如《伊丽莎白2：黄金时代》、《埃及艳后》。

那么，Sandy Powell 是谁呢？答案是：一个得奖专业户。她参与的著名影片数不胜数：《爱德华二世》（*Edward II*），《夜访吸血鬼》（*Interview with the Vampire*），《美丽佳人奥兰朵》（*Orlando*），《欲望之翼》（*The Wings of the Dove*），《她比烟花寂寞》（*Hilary and Jackie*)、《莎翁情史》(*Shakespeare in Love*)、《纽约黑帮》(*Gangs of New York*)、《远离天堂》(*Far from Heaven*)等。有趣的是,Sandy Powell 在《爱德华二世》也曾露过面,扮演的是女裁缝。曾经凭借《莎翁情史》与《飞行者》(*The Aviator*),Sandy Powell 两次夺奥斯卡"最佳服装设计"奖,成为英国最好的服装设计师之一。

Sandy 的设计特点是忠于历史且符合现代受众的审美,比如在《飞行者》中既有皮草与瘦身装等 20 年代的经典元素,也强调了当时的"女男孩"时潮。Sandy 的作品是再造后仍然被历史角色穿着,通过电影的表演更好地把受众带进特定的历史年代。

在《年轻的维多利亚》中,低调、绚烂而高贵的色彩让受众感受到维多利亚女王时代的奢华。那是个奢华时代,女性的服饰考究到变态的程度,可谓极尽华丽和复杂:不厌其烦的蕾丝、褶饰、缎带,层层叠叠的裙摆,紧身低胸内衣,华丽的袖子……维多利亚从少女过渡到女王,身份的转变也经由服饰体现出来,从娇艳可爱转向高贵端庄,那些场景更是一场场炫目的宫廷服饰秀。

宫廷衣服看起来漂亮,穿起来不一定舒服,记者问:"那些服装当中,有什么是让你觉得最不舒服的?"女主角艾米莉·布朗特回答:"紧身胸衣穿起来很没趣,Sandy Powell 也很'无情',因为她可能觉得我没什么身材,穿起来可能会松,所以,如果我穿起来不是紧得不能再紧了,她就会一直说衣服的尺码不对……那个时候我会说:'去他的尺码,我想要的是能够让我呼吸的(衣服)!'之后,我们双方做了个妥协。"

　　这部电影让 Sandy Powell 得到了第 12 届美国服装设计师工会奖中的"LACOSTE 电影服装成就奖",当然,最牛的还是她第三次获得了奥斯卡奖。汤姆·福特和莎拉·杰茜卡·帕克为她颁发了奖杯,她的受奖词如此风趣:"我把这个奖项献给那些低成本、现代、音乐电影的各位设计师们,因为他们付出了同样的努力却没有得到功名,即使如此,我依然决定把奖杯带回自己家。"

巴黎的错误

让·保罗·高提耶（Jean Paul Gaultier）又惹眼了，近日在中国巡演的由法国现代舞大师普雷洛卡打造的现代舞剧《白雪公主》引起了大众的广泛关注，不是因为剧情，而是服装。

舞剧中，Jean Paul Gaultier 在黑白中展现出他怪异的设计——继母那黑色的后冠、漆皮的腰封、奇特的高跟鞋，让原本人们想象中这个凶恶的女人显得性感而高贵。场景一换，黑色薄纱覆盖着她的全身，又显出她阴暗而疯狂的一面。至于公主，她的衣服更暴露了年轻美妙的身材，白色褶皱的短裙衬托出透明的肌肤，而裸露的双腿和腰背颇有色情的嫌疑，绝对"少儿不宜"。

不一样，太不一样了。在人们想象中纯洁的、可爱的、无性别的白雪公主，居然如此时尚而奔放，足以让七个小矮人喷鼻血，这就是 Jean Paul Gaultier 的风格。想想他当年那些惊世骇俗的设计吧——麦当娜的尖胸衣、张国荣的红色丝绒曳地长裙、《第五元素》中未来人类奇怪的服装⋯⋯这位 Hermès 的设计总监一向不按常理出牌。

"后现代的设计师中如果少了 Jean Paul Gaultier，时尚的看台上便少了一个刺目的亮点，至少，麦当娜 1990 年的那次巡回演唱是火不起来了。我们无法想象除了 Jean Paul Gaultier，还有谁可以为当时的麦当娜设计出更恰当的形象⋯⋯"罗玛在《开花身体：一部服装的罗曼史》中如是评论道。而于时尚史而言，Jean Paul Gaultier 的出现，为巴黎在"先锋服装史"上压下了一块镇舱石。我们无法想象如果没有他，20 世纪后半叶的后现代服装艺术上，巴黎还有谁可以与三宅一生、马丁·马杰拉、马克·雅各布站在一起。巴黎的时装秀总是被外来新锐设计师们一把一把地放火，如果没有 Jean Paul Gaultier，巴黎将在后现代服装艺术上落于人后。这就是 Jean Paul Gaultier 的重要性，于巴黎服装史、于全球后现代艺术史，同样重要。

"Enfants-Terribles"（恐怖之子），时尚界的人这么称呼着 Jean Paul Gaultier。

Jean Paul Gaultier 的设计会被用"恐怖"来形容，最主要就是他对混合手法的热衷。20 世纪 90 年代许多设计师都有混合的想法，尝试将各种元素混搭起来，但多数只注重外在形式的美丽实践，他却深入探究个别元素的深层意义，以朋克式的激进风格混合、对立或拆解，再加以重新构筑，并在其中加入许多个人独特的幽默感，有点不正经又充满创意，像个爱开玩笑的大男孩，带着反叛和惊奇不断震撼艺术世界。

Jean Paul Gaultier 经常是一双招风大耳上挂着串串耳环，一撮软软的黄白发像被风吹过的草丛一样东倒西歪地伏在布满抬头纹的额头上，稀疏的眉毛、凹陷的眼窝、长长的人中、厚厚的嘴唇、不圆不方的脑袋——不但他的设计另类，他的长相也算另类了。

杂志这样称他——"巴黎的错误"。

当陶瓷"艳遇"时尚

陶瓷与时尚有何关系？以前陶瓷或在窑中或在玩家的收藏中流转，在器皿与艺术中跳跃，时尚则在它的 T 台上闪现。但那是以前，近些年来，陶瓷与时尚这看起来不搭界的两个领域"艳遇"上了。当陶瓷"艳遇"时尚，会碰撞出什么样的艺术品呢？

青花的时装

"时尚"这个词一般用来指时装，在英语中，时尚与时装是同一个词——fashion。时尚是流动不拘的，很难找出固定不变的时尚元素。而陶瓷则是稳定的，陶瓷是一种源自农业时代的工艺，它的许多风格与元素都是固定下来的，要让它与时尚眉来眼去委实为难了它。

但是，陶瓷与时尚还真搭上了——近年来的时装大量地汲取了陶瓷中"青花"的这个元素。陶瓷虽难以直接变成时装的一部分,但两者之间有一些"符号"移动,于是陶瓷实体上的风格与元素便移到时装上来。

早在 2008 年北京奥运前,北京奥运会 5 套颁奖礼服出炉,分为"青花瓷"、"宝蓝"、"国槐绿"、"玉脂白"和"粉红",一共是 5 大系列15 个款式。"青花瓷"在搜狐发布的网络评选中,以超过 50% 的得票率遥遥领先。

除了在公共项目的服装上看到青花之外,在国际时装 T 台上,也渐渐地多起了青花元素的高级定制服的影子。

在 2010 年第 41 届香港时装节秋冬系列及第 8 届香港国际时尚荟萃开幕式上,郭培的高级定制系列"青花瓷晚装"获得了媒体的青睐。高级定制不一定拿来穿,它可以是一种艺术,是设计师创造的表达,可以拿来收藏或放在博物馆中。

在国际著名品牌方面,我们也可以寻到带有"青花"元素的时尚。从著名设计师安德烈·金举行的婚纱秀,到张根锡、李多海展示的"青花瓷"婚纱,又到罗伯特·卡沃利(Roberto Cavalli)设计的一袭宛若中国青花瓷图案的晚装,再到西班牙奢侈品牌罗·意威(Loewe)2008 春夏新品中一组带有青花设计的成衣,最后到赛琳(Celine)那件被时装编辑们推荐的青花瓷图绘连衣裙。大牌设计师们都不约而同地喜爱上了青花。而青花被运用到这些服饰中,也完美地呈现出陶瓷之美。

今年的时尚风向上,青花风仍然劲刮不止,Gucci 2010 早春系列中有几条带着中国味的素雅"青花瓷"印花裙装，其中一条抹胸迷你裙得到众多明星的青睐：周迅、詹妮弗·加纳（Jennifer Garner）、李妍熙等各国美女都在出席活动时穿过它；超模安雅·卢比可（Anja Rubik）和《变形金刚》中的女二号伊莎贝尔·卢卡斯（Isabel Lucas）穿着它拍过大片；超模阿比丽（Abbey Lee Kershaw）也在 T 台上演绎过它。

时装对"青花"的青睐，主要是着迷于它的东方神韵，国际时装界这些年来一直热衷于中国元素，而中国元素中青花是最鲜明的一个符号。在中国风大行其道时，西方设计师自然而然就钟爱青花。此外，时装是比较热闹而花哨的艺术，而瓷器则是非常宁静简洁的艺术，青花瓷的这种古朴宁静之美正是对时尚的"解毒"，让人们在色彩的喧闹之后获得视觉上的宁静。因此，瓷器遭遇时尚，便是青花的"怒放"。

手表上的陶瓷

时装对陶瓷的"艳遇"是在符号方面，而手表与陶瓷的"艳遇"则是在实体方面。前者是精神艳遇，后者则是肉体的艳遇，这是它们的区别。

将陶瓷运用到手表上，有许多品牌都这样做，而其中唯一修正成果的时装表，只有 Chanel！你可以把 Chanel 手表作为时装表佩戴，也可以把它当做传家宝收藏。在拍卖场上，Chanel 手表的倩影频频闪现，尤其是它的"山茶花系列"以及后来的 J12 系列。

因为 Chanel 的努力,扭转了人们对时装品牌腕表的长期偏见,将时装表上升到经典的高度。Chanel 在瑞士最著名的钟表产地拉绍德封拥有 8000 平方米的工厂,它的每一只钟表都产于此,2005 年 Chanel 推出了第一款陀飞轮腕表。Chanel 手表及珠宝总裁 Philippe Mougenot 说过:"我们希望高级腕表在内核上拥有完美工艺,在外观上也必须值得玩赏,这也是我们为什么会将陀飞轮与高级珠宝相结合的原因,一个代表了腕表制作工艺的高峰,一个则象征着华美、悦目。2005 年,'J12'系列腕表推出了第一只高科技精密陶瓷陀飞轮腕表,自此迈进高复杂功能腕表工艺领域。"设计艺术总监 Jacques Helleu 曾经漫不经心地说:"我花了 7 年心血和时间去找寻一种完美的黑色放在 J12 内。"在高科技陶瓷制的表壳和表带里,人们可以感受到那不一样高贵质感的黑色! J12 是 Chanel 的第一枚运动表,是第一次应用高科技陶瓷的产品。

除了 Chanel,卡地亚(Cartier)、萧邦(Chopard)、浪琴(Longines)、雷达(Rado)也不断推出陶瓷手表。

当陶瓷与时尚结合起来,时尚因此获得了新的表现力,时尚开始从西方审美向东方审美移动。而在这种结合中,陶瓷也获得了新的生命力,它不仅是器皿,是艺术品,也是万众注目的时尚元素。随着时尚的推广,陶瓷也将进入一个新的发展历程——古雅而新鲜,传统而时尚。

因危险而富于魅力

我一向认为潮流是不可预测的，T 台上的元素一般不会真实地在生活中引发狂潮；我也认为潮流是不可归纳的，某种衣款或某种元素只能在小部分人的着装上体现。在 A 杂志认为当下流行泡泡袖的同时，B 杂志却做了一个长裙专辑，而 C 杂志的看法是海军蓝更热……认为流行什么，取决于杂志编辑在做选题时的"选择性归纳"，或者取决于你在街上的"选择性发现"，怀孕的人总会发现街上孕妇特别多，就是这个道理。

只有一种潮流是可以预测也可以观察得到的，那就是"经典"。经典总会每年应季地改头换面或不改头换面，比如海魂衫，每年夏天总会在小清新中间流行一下；再比如彩色条纹，年年夏天都会登场……在这个夏天，从公主范儿的泰勒·斯威夫特（Taylor Swift），到性感干练的佐伊·索尔达娜（Zoe Saldana），从甜美可爱的莉莉·柯林斯（Lily Collins），到美丽青春的敏卡·凯利（Minka Kelly），都被拍到身穿彩色条纹上街。

我个人不是很喜欢彩色条纹，它总给我一种"脏乱"的感觉，看见身穿彩色条纹的人在身边晃动，我会有不安全、不稳定之感，说不清道不明。要想将彩色条纹穿得有范，那你得气场很强大，才能镇得住条纹间种种颜色的博弈，所以彩色条纹更多会出现在沙滩上，出现在郊野间。

时尚的本质并不是安全、和谐、平稳这些让人舒服的东西，虽然它总是假装以这些面目出现，但事实上，之所以构成时尚，就在于它是不稳定不安全的。彩色条纹的盛行与成为经典，就与人类本质上对危险的向往有关。当人类被禁止在安全的活动与社会范围之内，人类的心理却非"越狱"不可，在文艺上、在时装上、在性想象上。时装作为文艺之一种，自然也就是对人类心理的一种弥补。所以彩色条纹会出现，并且每年夏季总会成为小小的潮流。在人生中，能安慰我们的，永远是平淡不出彩的衣服，但能让我们想起一段青葱岁月，想起一段危险游戏的，却是彩色条纹这样因危险而富于魅力的元素了。

将彩色条纹做得最为出彩的是保罗史·密斯（Paul Smith），且成为了 Paul Smith 的标志。由 20 多种不同颜色组成的条子往往会出现于 Paul 的设计上，让这个英国最好的成衣品牌在沉闷中显出某种活力与闷骚。这是我最喜欢的一个品牌，会多次去香港买它家的衣服，它的条纹并不抢眼，只显露冰山一角，但它家的购物袋却张扬地竖满了彩色条纹，仿佛在提醒："危险，危险，我来了，请让开！"

铆钉倚天剑
双排扣屠龙刀

"今年秋冬包包的朋克风,主要元素是铆钉、拉链和长流苏。铆钉尤其多,不论是肩包提包,还是挎包手包,甚至妈咪包,在设计师的才思创意之下,从各种角度,以各种形式,镶嵌着大大小小形状各异的铆钉。"

不好意思,以上这一段我是从海报时尚网上 Ctrl+C(复制)和 Ctrl+V(粘贴)下来的。除了包包,时装品牌如贾尔斯·迪肯(Giles Deacon)、巴尔曼(Balmain)、亚历山大·王(Alexander Wang)、爱马仕(Hermès)、YSL 等,每个品牌都与铆钉"铆上了"。

"特点明晰让双排扣短大衣在 T 台上拥有无法被忘记的地位。众多品牌和设计师在 2009 秋冬的秀场上用他们的理解诠释着 redingote riding-coat。"很抱歉,以上这一段又是从《时装》杂志上抄下来的。

　　其实你可以不用看时尚网站或时装杂志,只要在街上随便瞄一眼,或者环顾一下这趟班机机舱,你就会发现铆钉与双排扣无处不在。

　　铆钉的出现本身不是用于服饰,它原本服务于马具。想那奔腾之骏马身上,若没有铆钉死磕,那些鞍具三下五除二就"五马分尸"了。最先大规模地使用铆钉于衣服上的,是 19 世纪牛仔服出现之时,淘金者们在美国西部捡钱,将金块(不要想它有多大)放在牛仔服的口袋里,口袋可经不起撑,很快就破了,于是有人灵机一动,在口袋着力点打上铆钉,这下口袋变牢固,就可以多多装金块啦。追本溯源,铆钉原本是爷们儿的元素。

　　而双排扣原本也不是娘们儿玩的,19 世纪它是军队服装上的实用元素——可不只是装饰。(所有的装饰元素在起源时都有其实用性,当实用性消失时,"残余"的事物就成了装饰,人类学这样认为。)后来双排扣被移到男士西装上,要知道大颗粒的扣子或金属扣子本来是被用于展现男性力量感的。故事说到再后来,因为俄罗斯男军装改良的短款军外套被女士们热捧,于是,双排扣在女装上露面的机会远远大于在男装上了。

　　铆钉也罢,双排扣也罢,总让人想起20 世纪 70 年代的朋克风,事实上,当季对这两者的执迷,正是时装界这几年一直热衷于"复古"70 年代的"征候"。其实这"古"连旧都未旧,更不用说"生锈","复古"之本质只是在毫无灵感的时候抄袭尚未过眼更未云烟的昨天。关于此事,我曾写过《缺乏创造,立马复古》一文,不多赘述,若看官好奇,不妨搜索来读读。我想说的是,如今的时装设计师们多是不读书之辈,不知秦汉,无论魏晋,在设计时谈不上"灵感",最多只是灵机一动。灵感是投入之后获得的创造之启发,而灵机一动只是观念上的小聪明。

铆钉与双排扣的复古不只是设计师们的一相情愿,其情势也与经济低迷有关系。既然都不能提升经济,那设计师们只好提升女士们的肩线了;既然都不能让经济从包里硬起来,那设计师们只好在包外与服装外做"硬文章"吧。不能改变世界,就改变一下世界的象征,让世界在低迷时看起来力量十足,让铆钉的倚天剑与双排扣的屠龙刀掩去骨子中的萎靡。这才是时装的本质——让一切看起来再好不过了。

就如每部电影中都会有的烂俗台词——

"你没事吧?"

"我没事。"

那样还不够夸张

我一直在疑惑：从时装中寻找深刻的东西是不是很扯淡的行为？普通人对时装基本处于误解的状态。如何让普通人了解时装？人手一本教材？扯淡！拖去看时装秀？更扯淡。时装艺术离日常生活太远，想不被误解都不可能。作为一位时装评论人士，我甚至有时对时装也会处于失语状态。

尤其是面对男装的时候。

2010秋冬巴黎男装周，这是男装的又一次视觉盛宴，从中我们看见了什么？看见什么并不重要，因为T台上的服装基本不会出现在门店里，偶尔有一些也是"改版"后的。一个时装品牌T台上的作品与店里的作品关系并不大，T台是烧钱的艺术，门店是吸金的商业。在时装工业界，艺术与商业之间的关系总是矛盾大于爱恋，所以T台并不能传达出品牌当季真实的趋势。而男装，基本更谈不上"趋势",因为女人的衣服是害怕与众相同,而男人的衣服是害怕与众不同。

　　在"与众相同"里,努力去挑,还是可以看出一点点的"不同"。Dior 一改以前那种死板与枯瘦,在风格和休闲度上有些儿变化,设计师克里斯·万艾思(Kris Van Assche)减少了色彩的运用,几乎只用黑白灰三色。很长的宽袖大衣,九分吊脚筒裤,这些设计都是 Assche 的亮点,赢得了不少好评。而著名的时装评论家 Suzy Menkes 这样评价新一季 Hermès 男装:"再看 Hermès,不过是在毛衣前面加上朦胧的丝巾印花,就这么一笔,形象已呼之欲出。设计师 Véronique Nichanian 花了 21 年建立 Hermès 男装系列,迄今表达品牌象征性的低调奢华风格仍有新意,真了不起。"实在是抱歉,我没看出这个品牌的男装美在什么地方,包包与丝巾我会买它家的,但衣服嘛,就不用考虑了。最极简主义的是德赖斯·范诺顿(Dries Van Noten),他主打卡其色和墨蓝,在羽绒服上增加素色条纹,长褂深其武士风格,肩部、腰带进行隔断处理,面料使用上也很简洁。

　　别的品牌方面,纪梵希(Givenchy)秀出了裙装;路易·威登(Louis Vuitton)则在面料上发功;保罗·史密斯(Paul Smith)减少了多色融合的元素,但依然有着幽默感;YSL 那冷暗的色调还在延续;登喜路(Dunhill)则表现出了一点优雅的运动元素;朗雯(Lanvin)的束腰大衣有着流畅的线条……

　　从这些品牌的 T 台上,你能看出对传统的继承还是对未来的革新？能看出时装艺术的美妙之所在？除非你是专业的时装人士，并对时尚史有着研究，否则普通受众会看得云里雾里。看不懂，谈何时装后面的艺术与人文传统？

本次巴黎男装周也有一些出格的、艺术性强的表现，诸如让·保罗·高提耶（Jean Paul Gaultier）的暴力感，约翰·加利亚诺（John Galliano）的"花衣神秘侠"……这些有趣的创意之于古板陈旧的整个男装周，用女诗人温明明的话来说，"那样还不够夸张"。

色情并傻瓜着

得事先声明一下，此文并非迪赛（Diesel）的软文，我之所以要拿它来说事，是因为我喜欢这个品牌的广告。

不同的服装品牌卖不同的东西，你买 Chanel，便是买它的优雅；你买 LV，便是买它的身份感；你买 Hermès，便是买它的低调……你买 Diesel，当然是买它的广告了。我有一度想买条牛仔裤，在上海恒隆的 Diesel 店转了半天，居然没一条适合我的，Diesel 的性感运动风格的确不属于我，想想，罢了。倒是有一回在广州丽柏的 Diesel 店里买过一条围巾，送给了亲戚，这是我唯一一次与 Diesel 发生关系。有些品牌是我非常喜欢但却无缘的，Diesel 便是其中一例。

喜欢 Diesel 是因为它的广告，在所有时装品牌的广告中，只有它家的广告最出色——创意十足且形象鲜明。与别的品牌注重潮流不同，反时尚的 Diesel 不管潮流，也不听从时尚权威，他家的设计师喜欢在世界各地晃荡，从青年文化中寻找灵感。Diesel 的设计上单件性强，不在乎整个系列的协调统一。而 Diesel 每一季的广告系列都有一个主题，比如 2007 年全球变暖的广告主题，2009 春夏季则是黑白的恐怖奇幻，2010 年春夏系列主打口号则是"一起傻吧！傻瓜！"

傻瓜们在做什么呢？两手拿着正负极的电线在对接；一男一女面对面边骑车边拥抱；骑在大象鼻子上与被大象坐在屁股下；养喜欢开冰箱的熊当宠物；将红色路障变成帽子……这世界的年轻人们都聪明绝顶，要想做些傻事，那可得非常有创意，有自嘲精神。在这些傻事中，还得透出无所不在的色情暗示，也真为难了 Diesel。

感觉 Diesel 将全部力量用在了广告上，而不是服装上——当然它家的服装也不错。Diesel 原意是"柴油"，创始人 Renzo Rosso 这样解释品牌含义："'Diesel'这个词短小精悍，叫起来朗朗上口，虽然有顾客以为我们是卖柴油的，但这正是我们牛仔裤的内涵——活力四射，朝气蓬勃。"有趣的是，最初 Diesel 的活力概念总是遭人误解，它那标志性的满是破洞、污渍、手工漂洗做旧的牛仔裤总是遭到顾客的质量投诉——他们误以为那是残次品。

通往美丽而非深刻之路

近来超模凯特·摩丝(Kate Moss)在谈及英国的时尚前卫青年们说:"当你走进一家俱乐部你会分不清男孩女孩。男孩们看起来像女孩,女孩们又打扮成男孩模样。欧洲其他国家还没有这样的情况,法国男孩不会穿得像女孩。"Kate Moss 实在是太out 了。

提倡女孩子男性化着装、并消除两性身体差别的当代时装设计大师当属伊夫·圣·洛朗(Yves Saint Laurent),他所设计的时装系列极力消除平淡的美丽而呈现出一种震撼人心的效果,也可以说他是想达到某种深刻——一种直达人性的深刻。美丽是肤浅易变的,而深刻则是永恒,时尚只属于美丽,而深刻属于奢侈。这也正是为什么像 Yves Saint Laurent 和 Chanel 这样的时装设计师都致力于以简化外在的缀饰和单纯的美丽而抵达一种简洁的永恒。

如果从简洁这一点来说,男性的身体似乎就足够简洁,相比女性的 S 型曲线妖娆多姿来讲,男性的身体线条因为简洁而充满硬朗的力量感。所以从这个角度来看,女人身体的繁复体现了一种美丽,真正的深刻属于男性,所有的男装奢侈品品牌都极力彰显男性的成熟稳重、神秘深刻。Dunhill 和 Giorgio Armani 绝不可能将自己的时装设计成随时要参加蒙面派对,萨维尔街的时装店也不可能在自己的店里摆上光怪陆离的面料吸引眼球,真正的时装奢侈品牌一直隐居幕后忍而不发,静待关键时刻重磅出场。这些时装品牌时刻不忘展现的是自己的优雅及艺术感,在这方面,奢侈品具有和男性生殖器一般顽固的对根源的追溯——喋喋不休地对历史的强化以及对传统艺术的偏好,似乎只有传统艺术才能体现男装的稳定与统一感。

是什么导致了男性着装的女性化呢? 细究起来,中国古代男人的着装远比女人复杂,魏晋时代的名士们如果不化妆是坚决不能出门的。在一些部落里,男人同样着长裙戴羽饰,一个有趣的自然界现象是,所有的雄性都有着比雌性更漂亮的体形和外表。人类学家研究的结果是这些装饰和美丽毫无用处,唯一的目的只是吸引雌性——他们想表明自己有更多的资本可以积累一些无用的东西,例如美丽。

对于男人来讲,他们男扮女装并不是想女人化,而只是想美丽,就如几百年前他们常做的那样,或者说他们一直都在这样。然而,这并非是说他们就不深刻了,对那些真正有品质的男人来讲,美丽是深刻之后无用的附加,就如闲暇时跨个自行车有氧运动一下,但前提是你得先有直升机和游艇。

晚装的最佳效果是走光

第35届全美音乐奖颁奖礼在洛杉矶举行，音乐自不用说，但在一个"时尚哲学人士"眼里，那些晚装更好看。比如碧昂斯那身金色鱼尾服，低胸，前凸后翘，让多少"清汤粉丝"喷鼻血成了"红汤粉丝"。如果放弃正面的视角，这显然已是走光。孟浩然老夫子的诗怎么说？"气蒸云梦泽，波撼岳阳城"，如果孟先生活在今天，可能要将此句改成"波撼洛杉矶"了，当然此波非彼波。

走光不是曝光，曝光让"粉丝"变成扎人的"钢丝"，但走光则不，一枝红杏出墙来，够你踮着脚丫去想象半天"满园春色"。这正是走光的魅力之所在。所以晚装一定要设计出走光的效果。没有走光效果的晚装是密不见风的乌云，是铁幕，是不解风情，是不懂时尚。但要走得高明，若走未走——说是未走，春光已满园；说是已走，却园门未开。

　　在我的眼里，人体其实是非常丑陋的，所以人类需要穿衣服，衣服可以让人体由丑变美。但时装呢，则在保留服装功能的前提之下，努力开放人体，以"欲盖弥彰"之势显出人体之美。所以在时装与人体之间存在着永远的博弈——时装努力打破底线，而人体的羞耻感则努力保留底线。正因为如此，晚装作为时装中的先锋，走光成了它的最佳效果，也是主要设计目的。

　　不过遗憾的是，努力走光的晚装不一定能给主体带来好运，比如碧昂斯仅仅拿了个安慰性的"国际艺人奖"。走光最成功的当算菲姬，拿的是"最受欢迎女艺术家"，天知道是什么最受欢迎，她的歌声，还是她的走光？

中性风潮的"风眼"

中性风潮席卷了整个时尚界,从制表业到时装业。在手表界,Boy Size 一直盛行,劳力士(Rolex)、Chanel、百达翡丽(Patek Philippe)等都推出过不少 Boy Size 表款。而在每年春秋两季的四大时装周上,中性风格的时装总会大出风头,比如在今年巴黎秋冬时装周上,Hermès 的设计师 Jean Paul Gaultier 让模特在电影《007》的配乐中,展示他设计的中性十足的 Hermès 秋冬新品时装;而纪梵希(Givenchy)2011 秋冬女装系列中,狮子、美洲豹和熊的元素,也给女装带来了强烈的阳刚气息。

男装女性化出现得较早,在路易十四时期男人们着假发,扑粉,服装也很女性。但在整个时尚工业中男装女性化却并不明显,最后一次是 20 世纪 80 年代早期,那是一个迪斯科摇头丸电子乐大行其道的时代,当时的男艺术家们纷纷尝试男扮女装,Boy George

即是这一潮流的引路人,但几年之后这股风潮即烟消云散。然后,女装男性化出现了,它得益于电视与录影带的普及。

安妮·蓝妮克丝(Annie Lennox)的第一部音乐录影带《甜蜜的梦》于 1983 年推出,她在录影带中一头橘红色短发,身穿男式西装。典型的女扮男装!这位 20 世纪 80 年代的 Lady Gaga 只穿黑色和白色,最爱男式西装,唯一区别于男性的是那一抹惹眼的红色胸衣。那时音乐录影带开始流行,Lennox 的西服扮相带动了中性着装风潮,女孩们纷纷模仿 Annie Lennox。

从此以后,女装的中性化一直成为 T 台上与生活中的重点,究其原因并不仅仅是审美问题,最重要的是女性地位的上升。女性在各色行当中所占比例越来越高,经济上也越来越独立,不依赖男性,女性就可以过得很好,加上现代生活节奏的加快,在打理着装上时间越来越不够用,于是,"中性"便是这种独立与快节奏的必然结果。中性服装带着天生的属性,追求女性的独立,向性别进行挑战,所以,《服装设计视觉词典》中这样定义"中性":"在同一个风格中混合了男性与女性两种特征,也可能没有特别的性别说明。该外观包括正装裁剪、军装夹克、马夹和超大号的男式衬衫,并通过粗花呢和天鹅绒这类面料的使用对该风格进行了加强。进行中性革命设计的设计师包括 Giorgio Armani、Pierre Cardin 以及 Helmut Lang。中性并非性感,而是挑战服装的性别概念。"

时尚用品从来都不只是一种蔽体的工具,它更是文化的承载体,并且是最快速地反映社会大变化与男女势力消长的晴雨表。

无论是政治大变化还是文化大变化，都会很快在时装中表现出来。女装中性化的持续与加强，正是女性社会地位不断上升的象征，让她们从被消费与被观看变成了消费者与观看者。

　　唯一的问题是，女装的中性化并非是走到一种消除性别差异的客观立场，而是纳入了男装的元素，以男性化的方式来对抗男权，这本身就是一种悖论，它无法达到消除男权的目的。"Annie Lennox形象"今天在街头已很寻常——短发、衬衫、西装、黑白色调，但 Annie Lennox 早就脱下男装，成为一个妻子、一个母亲，她甚至对当年的着装有些后悔。

幸好还有中国 2012秋冬伦敦时装周已成为往事,其间84个品牌轮番上阵,誓要将今年秋天的流行风尚打造成一场艺术盛宴。北半球春天的意思仍未明显,现在就说起秋冬的流行,未免也太着急了吧?但时尚的本质就是要超越自然时间,用商业时间去预支未来,所以总是在春天里上演秋冬秀,秋天里上演春夏秀。

如果我们试图在本季的伦敦时装周上看见未来的影子,这无异于痴人说梦,何故?因为绝大部分品牌的作品都在复古,将过去的元素翻出来再炒一遍。彼得·詹森(Peter Jensen)表现出对当下复古风格的戏仿;Emilio de la Morena 秀出中世纪僧袍一样的外罩,禁欲的宗教仪式般的气息暗示出全球性的经济危机仍然在持续;玛丽·卡特兰佐(Mary Katrantzou)用巴洛克式的古典主义对称风格来处理打字机、花园、钟表等照片的印花;PPQ的秀场上,模

特们梳着好莱坞黄金时代的经典 Peek A Boo 发型,穿着 20 世纪
40 年代风格的装束⋯⋯通行于整个时装周的似乎不是对未来的渴
望和对现在的安抚,而是对过去辉煌的怀念、对欲望小心翼翼的批
判与遮盖。

我最喜欢的英国本土的时装设计师 Paul Smith,也不得不收起
他一贯色彩鲜艳、大胆拼接的风格,改用灰蓝黑色调——灰色毛呢
格子,深蓝天鹅绒,黑色"恨天高"(真奇怪他还在用"恨天高",有
种虚张声势之感)。设计师本人在接受记者采访时声称这一变化
是受到当前经济状况的启发:"我以前常运用鲜艳的颜色,但是如
果你仔细看看今年的设计,它们仍然色彩丰富,只不过不再是鲜
艳的颜色,而是内敛深沉的颜色,但它们仍然是色彩。这类颜色
的好处之一就是,在你经历'谨慎消费'时期时,它们能够很好地
与之相配。"

曾经很先锋很前卫的伦敦时装周,现在却表现得保守甚至滞
后,虽然参秀品牌多达 84 家,但里面的传统大牌却很少。欧洲都
在饿肚子,在四大时装周之中选择一家最多两家参加一下就行
了,这是大牌们的态度,除了 Burberry 这样从一线大牌往路边摊
狂奔而去的牌子几乎是处处必在之外。欧洲人在消费乏力的时期
里,放弃了慷慨的消费,也让设计师们放弃了对未来的想象。

好在还有中国人在消费高级时装,中国已成为全球增长最快
的奢侈品市场,也成为全球最重要的奢侈品市场,中国人的钱袋让
欧洲的品牌们不至于倒下去,所以中国面孔在伦敦时装周上也颇

为引人注目。而一直对中国市场非常有兴趣的 Paul Smith 透露，2012 年将在上海开设旗舰店。他甚至表示，会根据中国市场的实际情况将自己的作品作适当修改，以更适合中国消费者。

对高级时装来说，幸好还有中国，阿弥陀佛……

继续拿模特来说事，最近美国版《时尚芭莎》上有一组克莉丝朵·雷恩（Crystal Renn）的时装片，引起了激烈的反响，读者们认为她已经不再是大码超模了。在时尚界，Crystal Renn 总是处在模特尺码争议的话题中。她反对节食，曾公开表示抵制电脑修改自己的照片以显得更瘦，时尚界甚至将她视为"任何身材尺寸都该被接受"的代言人。

Crystal Renn 在她的 Chanel 代言仪式结束后这样解释自己不再大码："我觉得时尚产业是在不断变化的，而现今的时尚界对各种新鲜态度都敞开着大门，这是一个重视个人独特个性的时代，一切无关身材尺寸，才能和努力能将每个人独特的气质传递出来。"

其实不用与 Crystal Renn 较真，因为时尚界需要 0 号身材是传统，也是"真理"。大码模特、黑人模特、中国模特在全球时尚界不过是异类与新鲜感,以及某个特殊地区市场的需要,而不是"正道"。

第一次使用真人模特的服装设计师是查理·沃斯(Charles Worth),1845 年他在巴黎一家服装店推销自己的服装时为增加说服力,临时找来一位体型完美的女孩试穿他的作品,他后来常用这一招展示自己的设计,而这"第一位真人模特"后来成了他的夫人。此后模特成了时尚界的"衣服架子",成了时尚必不可少的元素。但是,一百多年来的时尚界几乎都是以白人为主,进而慢慢地演变到以 0 号身材的白人为主。

黑人进入时尚界非常不容易,贝弗莉·约翰逊(Beverly Johnson)作为第一个登上美国时尚杂志 *VOGUE* 封面的黑人模特,在她接受媒体采访时说:"如果我和一位白人模特共同完成一项表演工作,我们拍摄同样数量的照片,穿同样数量的衣服,但她的工钱和我的工钱就会不一样,我的要少一些。"可见黑人模特的地位如何。而黑人超模娜奥米·坎贝尔(Naomi Campbell)于 1986 年出现在 *ELLE* 的杂志封面上,那时她才 15 岁。1988 年,她成为法国版 *VOGUE* 的第一个黑人封面模特,但这个机会得归功于伊夫·圣·洛朗(Yves Saint Laurent)先生。他给 *VOGUE* 施压——如果封面模特不是 Naomi Campbell,他就要撤回刊内的广告。娜奥米·坎贝尔认为这个行业充斥着偏见:"你知道吗?作为一名黑人女性,这个行业中像我这样的真的只是个例外。"

大码模特呢?最大码的也许当是贝丝·迪托(Beth Ditto)。

2009 年由凯蒂·格兰德(Katie Grand)主编的 *LOVE* 杂志创刊号封面,是这个体重 95 公斤、全裸出镜的英国说唱歌手 Beth Ditto——超大码。自 2000 年由苏菲·达儿(Sophie Dahl)全裸出演 Yves Saint Laurent 的"鸦片"香水广告之后,大码模特在时装杂志上并不鲜见了。但也不是人人都能接受大码模特,老卡尔·拉格斐(Karl Lagerfeld)就曾否定道:"没人想看胖女人。"所以在他主持的 Chanel 签下 Crystal Renn 做代言人后,Crystal Renn 从大码往 0 号的方向开始狂奔。

之所以要 0 号,那是因为它最能显示衣服之美,一种没有个性之美。在 0 号时,衣服与人体都似乎从物质升华到了柏拉图所说的"理念",而别的型号,则是从"理念"派生出来的种种现象。事实上现象是无法忠实地表现出理念的,但时尚界的自虐狂们从来是贼心不死,于是将"白人 0 号"当做了宗教。相比之下我更喜欢一些非标准模特的走秀,最经典的是 2008 年 Hermès 在上海的秋冬男装秀,导演孙周、建筑师王晖、作家孙甘露、《头脑风暴》主持人袁岳、大提琴演奏家秦立巍、上海击剑队教练叶冲等成了 T 台上的模特。

时装是做来给普通人穿的,不是做来给模特穿的,这就是非"0号白人"模特存在的充足理由。

图书在版编目（CIP）数据

时尚至死：时尚背后的玄秘／梦亦非著. —杭州：
浙江大学出版社，2012. 12
　ISBN 978-7-308-10694-8

　Ⅰ．①时… Ⅱ．①梦… Ⅲ．①生活方式－通俗读物
Ⅳ．①C913.3－49

中国版本图书馆 CIP 数据核字（2012）第 236526 号

时尚至死

梦亦非　著

策　划　者	蓝狮子财经出版中心	
责任编辑	曲　静	
出版发行	浙江大学出版社	
	（杭州市天目山路 148 号　邮政编码 310007）	
	（网址：http://www.zjupress.com）	
排　　版	杭州中大图文设计有限公司	
印　　刷	临安市曙光印务有限公司	
开　　本	880mm×1230mm　1/32	
印　　张	5.5	
字　　数	108 千	
版 印 次	2012 年 12 月第 1 版　2012 年 12 月第 1 次印刷	
书　　号	ISBN 978-7-308-10694-8	
定　　价	26.00 元	

版权所有　翻印必究　印装差错　负责调换
浙江大学出版社发行部邮购电话　（0571）88925591